男の生活の愉しみ

知的に生きるヒント

宮脇　檀

PHP 文庫

○本表紙図柄＝ロゼッタ・ストーン（大英博物館蔵）
○本表紙デザイン＋紋章＝上田晃郷

まえがき

男たちは仕事が好きだ。それを否定しているわけではない。私だって人に負けない仕事好き。仕事が何にもまして優先すると信じている人間。けれどもそれがすべてではないと思うところが、世の仕事しかないというワーカホリックと少し違う。私にも仕事かそれ以外の生活かと、どちらかを選ばなくてはならないときが何度もあった。そういうとき仕事をするべきか、すぐ止めてもう一つの別の問題を解決するかは瞬間の判断にゆだねることにしている。

私の場合、仕事は私の全生活の一部分として組み込まれている。それは重要だけれど、生活にはそれより重要なことが他にいくらでもあると思っている。それは私が仕事人間ではあったけれども、同時に生活の中に同じように重要で、私たちに大事でしかも面白いことがあることを知ってしまっていたからである。

それは本書で見るとおり料理であったり、旅であったり、家の中の細《こま》細《ごま》したことであったりする。どれも初めは別に好きでのめり込んだわけではない。料理は単身生活をせざるを得ないときの緊急の必然として、旅は当然仕事の一部として、家その他の生活の中の細々したことは建築家としての必要知識として、それぞれ私の中に入り込んできた。

それらを嫌がってしていたら生活そのものが嫌になってしまうような存在だったせいもあって、私は何とか面白がってこれらとつきあおうとした。つきあってみると何と実にこれが楽しいのだ。面白いだけでなく、学ぶものがごまんと含まれていることを発見したのだ。これはワーカホリックとしても良い理由を見つけたことになる。

かくして私は昼間人以上に仕事をし、終わって夕方になれば旨いものを喰おうと知らない町をさまよい歩き、酔ってホテルに帰って寝る前にちゃんと部屋の実測して満足するというおめでた人間になってしまった。

その私がいう。仕事以外にこんなに愉しいことで世の中は満ち満ちていることを、諸君はご存じだったかと。本書はその呼びかけの一つであると思っていただきたい。

宮脇　檀

一九九八年一月

男の生活の愉しみ　目次

まえがき

第一章　旨いものを喰う

旨いものを食べよう

食の修業

作ってみること

第二章 生活の中で考える

家の道具を考える

椅子を選ぶ

第三章　旅で学ぶ

鍋の地域差

ホテルで学ぶ

旅あちこち

本文挿絵　著者

第一章

旨いものを喰う

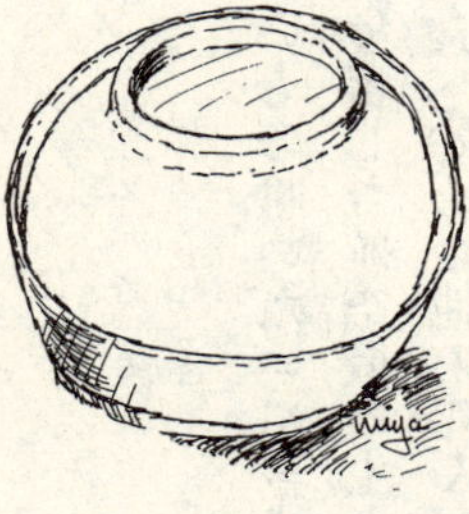

旨いものを食べよう

旨いものを食べたがること

あなたは旨いものを食べたいか？　当たり前だと怒ってはいけない。人間誰でも旨いもの喰いたいにきまっている。有名な話だが、あのアンデスの山中に墜落した航空機の生き残った客たちが、生きるために初めはおずおずと食べ始めた他の死んだ乗客の肉を、最後のころには飛行機の外皮を切りとって作った鍋で煮たり、塩胡椒《しおこしょう》して喰ったという。生き残るために、人間の肉を喰うという極限状態に追いつめられた人ですら、味を追求するではないか。

ところが実際のところ、食べ物に興味がない人ってほんとうにいるのだ。例えば、会社で昼飯食べようというとき、どこに行くかまったく意見がなく、店に行ったら行ったで誰かが頼んだものを「俺も」と一言いって追従するだけ、後は漫画雑誌かなんか読みながら五分くらいで喰い終わり、楊枝《ようじ》を口の中でちゅうちゅうさせながら、ポケットに手をつっこんで猫背でぞろぞろ帰って来るっていう人っているでしょ？

イギリスが喰い物がまずいということは定評あるところ。あそこで喰えるのは中華とインド料理だけだとは、旅行者から味の研究者まで口を揃えていう。その件についてイギリス人は少しも騒がず、紳士たるものたかが喰い物についてがたがたいうものではない。食事の場というのは、喰い物の味などというくだらぬことを論じる場ではなくて、インドの領有とか、フォークランド問題とか、王室の行方とか（その中では決してあからさまに故ダイアナ妃やチャールズ皇太子のことに言及しない）について、英国国民として信じることを真剣に討議する場所なのであるという。日本にもそういう人はいて、例えば建築家の安藤忠雄君なんていう人は、「ええ大人が、そんな何喰うかとかあれは旨いぜとか、くだらんことガタガタいいなさんな。わしなんか一月《ひと》ラーメン喰い続けても平気でっせーっ」とほざく。そういう立派な方はいい。けれど、私のように喰い物の味を論じることは、人類が他の動物より進んだ、人が人であるゆえんの部分であると信じている下賤な人間としては、断固として食とその味にこだわり続けたいと思う。

食べる修業

おいしいものを食べるには、おいしいものを食べたいと思う人間にならなくてはならないというのがまず原則としてある。求めよさらば与えられん。

おいしいものを食べたいと思う人間になるためには、何がおいしいかということを知っていなくてはならない。おいしいものとまずいものの差を知り、その落差に驚いてから人は初めて旨いものを追いかけ、それを追い求めるようになるのだ。そのためには旨いものの代表として帝国ホテルのプルニエでドーバー海峡の舌平目のムニエルを喰い、その味忘れないうちに帰って、まずいものの代表として家で女房が作った三日前の冷凍してあったカレーライスを解凍して食べ……る必要はない。

骨董品屋という商売は、偽物摑まされたら即倒産ということもあり得る商売。だから、骨董品屋の小僧の修業は何が本物で、どれが偽物か見極める目を養うことにつきる。そのとき、骨董品屋のおやじは決してよいものと偽物の両者を出して比較させるという訓練をしないのだそうだ。彼がする訓練は、ただひたすらよいもの、本物だけを見させることと。次々とよいものだけ見せていると、偽物がでたときに一瞬に偽物！とわかるようになるというのだ。

だから、食べ物も旨いものばかり食べる訓練をする。急いでいるからとか手軽にとかでそこいらへんのハンバーグやラーメンですませるなどということをせず、常に旨いものを喰う努力を欠かさないこと。一度旨いもの食べてみたら、次にまずいもの食べたときに不幸だなあという気持ちが自然に生まれるようになる。

そんなことといったって、旨いものって基本的に高いから毎日自費で食べるわけにいかないし、近所にないし、第一どこに旨いものがあるかわからないしｅｔｃ……とぼやく声があるのは知ってます。そこが駄目、面倒くさがって旨いものが喰えるか。人間は努力する葦《あし》なのだ。トライハーダー。

まず旨いものが高いのは事実。基本的に質は価格と比例するのはこの世の常識（高ければ旨いというわけではないことも忘れないで）。接待などで自費以外で喰うときに、できるだけ高いものを恥ずかしいと思わないでたかる癖を付ける方法もある。もちろん、何度かに一度は無理して自腹切って旨いものを食べる努力してみること。

食の先輩たちを見習う

故開高健はそれこそアマゾンからイエルサレム、ヴェトナムと世界の隅々に足を延ばし、モスコウの水餃子の恐ろしさからサイゴンのメンソールタバコの薄荷《はっか》の強さまでを論じてやまぬし（『新しい天体』『最後の晩餐』）、辻料理学校の故辻静雄校長はそのフランス料理探求のためにフランスはおろか世界中のフランス料理屋を追い求めてレンタカーで走り狂う、それらと比較できる舌を作るために、日本にいるときは毎日昼飯を吉兆でし、ついには吉兆の親父さん連れてヨーロッパ一等旅行して二人で比べ上げることまでする（『ヨーロッパ一等旅行』）。

邱永漢さんはいかに中国の喰い物が旨いかを論証するために、広東の飲茶の旨さから始まって香港の犬料理、四川の豆腐、と歴史上の話まで交えてその料理を説いてやまず、もちろん自身絶えず旅をしてはそれを比較する（『食は広州に在り』『旅が好き、食べることはもっと好き』）。

日本国内だって古典的名著『食通知ったかぶり』で丸谷才一さんは神戸は青辰のあなごから始まって志摩観光ホテルの高橋シェフの伊勢エビの濃厚なスープ、讃岐のうどんと聞けば琴平の長田、酒田のル・ポトフの新鮮フランス料理の名を我らに知らせてくれたし、俳優渡辺文雄氏は日本中取材で歩きながら有明のガンバ、北九州あごの干物、山形の猪茸、和歌山湯浅の手作り醬油等々私たちの知らない地方の旨いものを教えてくれる（『百歩百味・日本の味』）。

パリのごみ箱あさりからスタートした食の探訪者玉村豊男さんだって負けてはいぬ。兵庫県竹野に行って松葉蟹をえぐり、松島で百個近い牡蠣《か き》を焼いて喰い、酢ガキで喰い、フライで喰い、ついで長野は東部町で牛乳とチーズを堪能する（『快食玉村大飯店』）。もちろん故池波正太郎先生の喰ったものしか書いてないみたいな膨大な日記まで含んで、皆さん旨いものがあると聞けば百里の道を遠しとしない見事な姿勢ではないか。ありゃ商売よといってはならぬ。

そういう努力をしなければ、またはするからこそ旨いものは旨いのだ。ということを理解するためにも、まずこれらの本を読むこと。読み終わったらそのうちの何軒かに（近くでよいから）行ってみ、喰ってみること。さあ、そこから貴方の旨いものへの道が開ける。

旨い店を探す努力

貴方ももし旨いものが喰いたければ、努力しなければいけない。

私も昔、初めて鹿児島に行ったとき、確か丸谷才一さんの本で読んで知っていた豚の角煮を手抜きしてホテルの食堂で食べ、丸谷さんが激賛している味でないのに気付き、そうだ、丸谷さんは確か薩摩路という店の角煮をほめていたのだと思い出して、すぐホテルを出、タクシー拾ってその店に行った。そこで初めてなるほどといえる角煮を食べて帰った。その晩、私は二度夕食を喰ったことになるのだが、旨いものを喰おうと思ったらそれくらいのことをしなくては(その後この店は繁盛し——つまり大衆化して味が落ちたことを発見してからは、もう行っていない)。

別のある日、テレビ局の仕事で日帰りで高松に行った。高松だから当然あの旨い讃岐うどんを昼に食べるつもりで出かけた。ところが局についたらいきなりお弁当。私はうどん食べますから……と断ろうとしたら、これは「松」ですからぜひという。そこでハイといって座ってしまっては男が廃《すた》る。やっぱり外でうどん喰いますからと立ち上がり、バタンと扉を閉めて廊下に出てふと気が付いた。そのテレビ局あたりの旨いうどん屋知らなかったのだ。仕方なくそーっと扉開け、何か? と厳しい顔して振り向くスタッフの人に、すみません、この辺でおいしいうどん屋さんてどこですか? と聞いてみた。さすがうどんどころ高松。皆ニヤッと笑ってたちまち二、三軒候補が飛び出し、私はそこで満足して喰い、会議室に戻ってまずうどん談義でなごやかに会議は始まった。

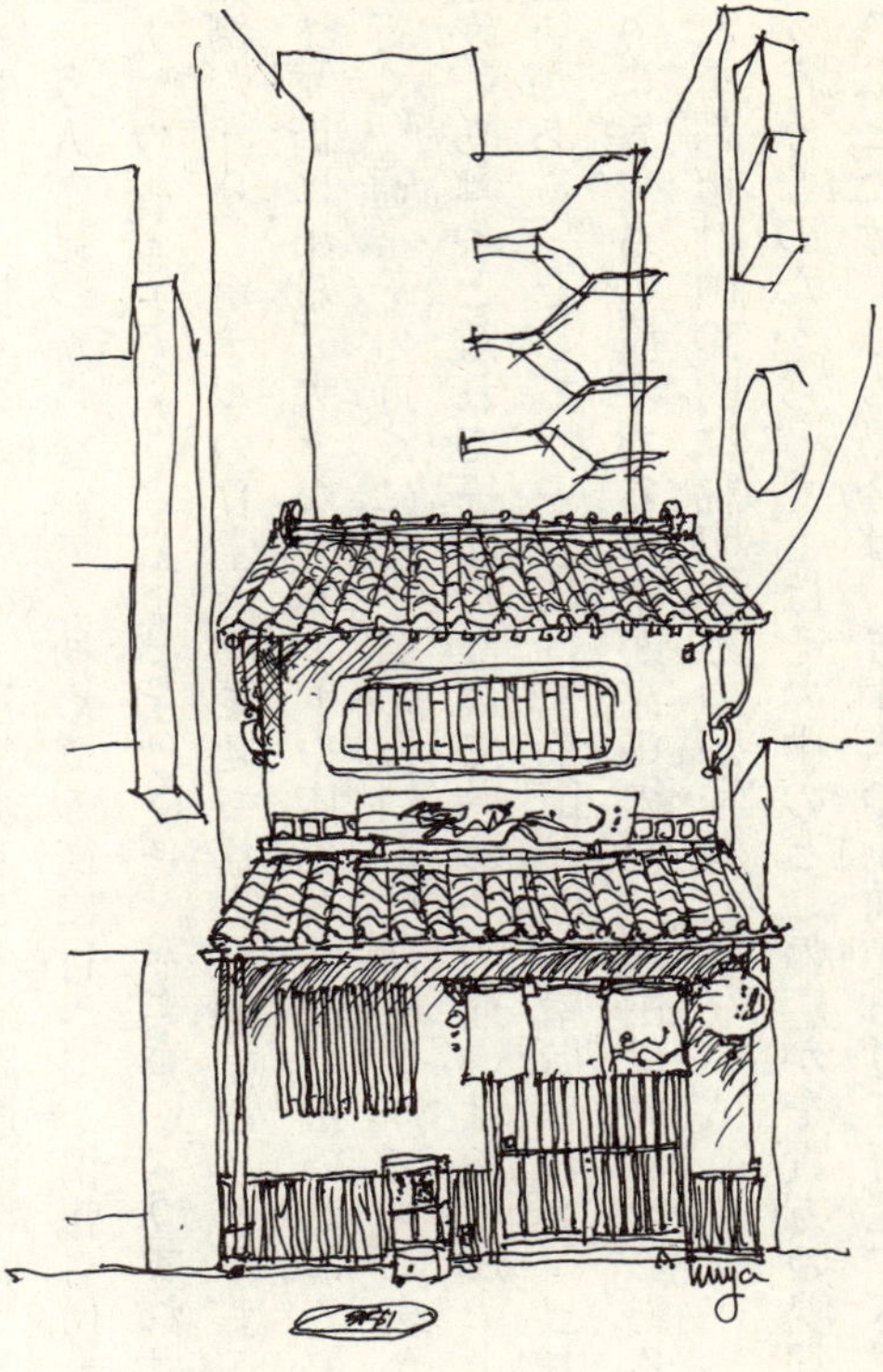

こうやって、誰かそれも自分と同じくらい食べることに趣味を持っている人を探して、聞くのが一番の方法であることは間違いない。

そういう人が見つからないで、初めての街に行って、情報も何もないまま一人で夕食をとらなくてはならなくなったとき、どうすればよいか。面倒だから、ホテルの食堂ですませてしまおうなどと思うようでは失格。まず街に出る。大きなデパートや店が並んでいるいわゆる繁華街にまず行く。通常その近くに——街の人口や性格によってすぐ裏か直交した道か、ちょっと離れて一団になっているかの違いはあるが——必ず飲み屋街がある。そして、一般には繁華街と飲み屋街のちょうど中間地点あたりに旨いもの屋がある確率が高いのだ。理由はいろいろあるけれど、それを都市計画論的に説明するのが本題ではない。

事実がそうなのだから、あとはその中のどこの店かを貴方の嗅覚で探し当てることだけ。私の場合は、まず店の正面から見て奇麗すぎず汚すぎず、うむ臭うな、という店見つけたら戸を引いて中を覗く。中がわっと人いきれを感じられるような店だったら当たり、躊躇《ちゆうちよ》なく入る。そうでなかったら、むぐむぐと口の中でつぶやいて戸を閉め次の店探すだけのこと。たったそれだけの努力で、その夜が幸せになるかならぬかが決まるのだからぜひ。扉を開いて中を見てから出て来る方法は世界中で試してみたが、かなり正確であったことを御報告。

『ミシュラン』というガイドブック

グルメのためのガイドブックという便利なのがいろいろある。この手のガイドブックで世界的にも有名で権威があるのはもちろんフランスのミシュランの一九〇〇年創刊のガイドブック。ミシュランはご存じヨーロッパ最大のタイヤメーカー。初めは同社のタイヤを付けた車で旅行してくれるお客さんへのサービスとして、ドライブ用の地図を出版していた。この地図がまた実に正確でヨーロッパドライブ旅行者の必需品なのだが、それは本題と関係ない。

それから旅行者のためのホテルとレストランのガイドブックをつくるのだが、当然それらの施設の内容紹介が始まるわけで、ホテルなら客室数がいくつでテレビがあるか、食堂の定食がいくらくらいか、犬を連れて泊まれるかｅｔｃ、と情報を盛り込むようになれば、当然ランク付けが出てきてデラックスだの、快適だのと評価するようになる。

レストランの場合は味の評価が中心になるわけで、これが有名なミシュランの星である。

『ミシュラン』の表紙が赤い（緑色表紙の一般的な地方や国のガイドブックに対して、ホテルとレストランのガイドは赤である）ガイドブックではレストランを三つ星、二つ星、一つ星の三種類にランク付けしている。

三つ星は最高級、際だった料理、そこに行くための旅行をするに値するという店。二つ星ですばらしい料理、そのために回り道するに値する店。一つ星でそのカテゴリーで大変優れたレストランという定義付け。

大したことないと思わないでいただきたい。三つ星の店になるには天才的な料理人の血の出るような修業の結果初めて可能なのであって、世界の名店がひしめくパリですら一九九七年のミシュランでたった五軒、フランス全部でも二十軒足らずなのだ。

だからその三つ星の店にはまさに世界中のグルメが殺到する。そこに旅をするのに値する店なのだから、ニューヨークからロンドンからわざわざそのために飛行機で飛んでくるのだ。話題の三つ星レストランなどは、六カ月先まで予約が塞がっているという。だから、心あるシェフなら皆たとえ一つでも星がつくレストランにしたいと思うし、二つ星から一つ星に落ちたと自殺してしまったシェフまでいたという。年に一回このランク付けは改正されるのだが、今年の星の異動はどうなるかと世界中、フランス中の話題になるのは当然といってよい。

ニューヨークのガイド『ザガト』

ガイドブックの誰がそのランク付けをするのか。『ミシュラン』の場合は二十人程度の「秘密調査員」が一年間内密に各店を回って味だけではなく、内装やサービス、施設まで採点した結果決める。採点はあくまでも主観によるというところがヨーロッパ的。

これに対して、調査と名付けて主観ではないよというガイドブックを出しているのがこのところ急上昇中のニューヨークの『ザガト』のレストランガイド。これは民主主義の国アメリカらしく、九六年版でいうと一万六千人以上の二十歳から六十歳以下の人々の評価を集計し、それをまとめたもの。

ここもアメリカ的なのだが、できるだけ客観的風に味、室内装飾、サービス、そして値段の四つをそれぞれ三十点満点で評価している。当然我らは味は三十点で値段は安い店を探すのだが、もちろんそんな店はまずない。ちなみにニューヨークで一、二の日本料理屋と評価されている寿司清の味は二十六点、値段は四十五ドル、同じくニューヨーク一の評価のステーキハウスのピーター・ルーガーが味は二十八点、値段が五十ドルとされているからまあ寿司清さん、アメリカさんと互角に勝負していることが判る。ほとんどの調査員が最高のランク付けをしているのはフランス料理のブーレーで、ここは味が二十九点、値段が七十三ドルというから比較してだいたいのご想像はつくだろう。

そんなパリやニューヨークの店など関係ない、日本のがほしいのだとおっしゃる方には、日本全国のものから東京・大阪の地域別、フランス料理・和食・中華の国別、接待向きから日曜もやっている店など各種のガイドブックが揃っている。

東京だけ選んだってミシュラン的な主観によるものなら山本益博の各種のガイド、一番手軽な『東京ポケット・グルメ』があるし、多数の調査によるのなら文藝春秋編の『東京いい店うまい店』がある。そういう旨いけれど高級なのは……という方には同じ文藝春秋のB級グルメのいろいろなシリーズがあって、ソウルのビビンバから下町のお菓子にいたる食べ物を網羅する本があるし、ここに連れて行けば女の子が一発で落ちると、そういう店を星ならぬ足おっぴろげた女の子のイラストの数で表現するなどというホイチョイ・プロダクションの『東京いい店やれる店』などという奇著もある。もちろん大阪も京都も皆この手のガイド持っていて枚挙にいとまがない。自分で本屋に行って探してみること。

食の修業

割烹の薦め

食と経済の両方の達人、邱永漢さんは、旅先で接待されることになったら、まず料亭は嫌で割烹がよいといい張る。

理由は割烹というのはどこかの店で修業して、腕に自信がついた人が開く店。成功したり、みんなに旨いといってほしいから、本人がカウンターに立って一生懸命やっている。それに対して料亭は、もう功成り名を遂げてしまった成功者の店。かつて腕のよかった主人はいまや板前か息子かなんかに店まかせて、金もうけかゴルフに夢中などというケースが多い。店だって大きな店にしたからその建設費なり権利金返すために原価率は低くなっているし……というのだが。まあそれほど間違ってはいまい。

カウンターまたは割烹にはそれ以外の様々な効用がある。

まずそもそも料理の原点は、できたて熱々が最高ということ。

山で食べたキャンプの飯、初めて学校で作ったカレーライスが旨かったのはできたてだったことにある。みんなでときどきする河原のバーベキューだって、なぜ旨いか、焼きたてだからなのである。映画で見るあのイタリアのおばさんが「マンジャーレッ（お食べーっ）」って食卓の上にどんと置くトマトのスパゲッティがいかにも旨そうなのは、あの大皿からパーッと湯気が上がっていたからでなかったか。割烹またはカウンターの店だからこれが可能で、長い廊下のむこうから延々と持ってくる料亭などでできる技ではない。

それが判っているから、各室離れなどという由布院は亀の井別荘などという名旅館では、できたての味噌汁その他を熱いうちにと女中さんが渡り廊下を小走りに走って来るのだ。

二番目、カウンターで食べていると、当然作っているおやじなり、板さんとの間に例外はあるとしても、普通は「それどこの魚」とか、「いやあ旨いね」とか会話が発生する。

一人で食事しなくちゃならないときなどの砂をかむような感じは、会話で消える。そのうえ、会話によって作っている人と、食べている自分との間に何か心が通じる。心をつなげた人と飯喰ってれば、この飯は旨い。恋人とのまたは新婚時代の飯を思い出すこと。

カウンター万歳

料理人と心がつながる感じはむこうが持ってくれて意味がある。そういう気にすると旨いものを作ろうと作り方に誠意が出る、つまり彼としゃべらないでいたときよりは旨いものが出る可能性が高くなるし、ひょっとすると魚が一切れ多かったり、取って置きの旨い肉が出てきたりする余得があったりするかもしれない。初めからそれを期待すると、顔が卑しくなってすぐばれるからしないように努めることも秘訣の一つだが。

カウンターの良いのは作るプロセスが見えること。これは楽しい。そこいら辺のラーメン屋だってドンブリをトンと台にのせ、鶏の骨やら何やらぐつぐつ踊っている大鍋からスープをお玉一杯分取り、かえす手でラーメンを籠に入れて別の大鍋で湯がき、さっさっと湯を切って上げたかと思うと上にチャーシューと卵、それに何やらのせて、へい！　でき上がり！　というまでの流れは見ていて飽きない。あのスープの中の材料は何だろうか、ちらっと豚の骨らしいものも見えたとか、へえこの店はチャーシュー毎回新しく切るんだ、恵比寿ラーメンのまねだなとか、畜生ドンブリ持ち上げるときに親指の先がスープに浸かってたなとか……。

私のよく行く無国籍料理の名店「キハチ」にはカウンターがあるので、私はそこにしか座らないし、それを知っているから店の人は黙ってそこに案内する。白ワインをまずすすりながら、前でき上がっていくものを見ながらオーダーし、さていまグリルで焼かれているのはイサキかな、旨そうだなあとか、おやあそこでオーブンに入れたのは野菜に何を混ぜたのかな、へえあんなふうにアイスクリーム盛って何のせるのかななどと見ているうちにあっという間に時間が過ぎる。そうだいま焼いてる鴨が俺のオーダーらしいぞ、ソースはオレンジ風味っていってたけどどこで作ってるのか、そらでき上がったぞ、来るぞ来るぞと待っているとシェフがつっと皿の端を布でぬぐい、ベルが鳴らされボーイがそれ受け取ってカウンターの横から私の前に来る。さっきから見ていたのだから口の中に唾がたまっていていやあ旨いに決まっている。それにそのプロセスを見ている楽しさ。

何、そんなこと興味がない？　読まずにすぐ寝てしまいなさい。

百聞は一見にしかずというではないか。まずカウンターに座って、料理人が何するか見ることから始める。

見て覚えること

男という人種は、普通育つ過程で料理を正式に習っていない。だから男子厨房にはいる会の会員か、ダイニングキッチンが狭くて女房の手先をいつも見ざるをえなかったとか、単身赴任で無理矢理覚えさせられたとかでない限り、それこそ米のとぎ方から魚の下ろし方、だしの取り方という基本から始まって何も知らないはず。それが目の前で鮮やかに淡々と展開されるだけだって大変な勉強であるのだが、それだけでなくシェフなり板前の修業を積んだ、そこいらの料理入門書には絶対紹介されていない妙技や神髄までを目の前に見ることができるのがカウンター。

だしを取るときの鰹節を入れて火を止めるまでのタイミング、桂剝《かつらむ》きにするときの大根と包丁の持ち方、ステーキ焼く前の塩を落とす距離、鉄板に流す油の量とにんにくの焼き具合、余った脂身の切り方の細かさとそれを炒飯にするときの他の野菜との混ぜ具合、てんぷらの粉と水の混じり具合などなど。それこそ料理教室の授業を目の前でしてもらっているようなもの。

いつか日本橋のてんぷらの老舗《しにせ》「天茂」へサラリーマンでこまない土曜の夕方に行ったときの異様な雰囲気を思い出す。

カウンターだけがいっぱいで、それも若い人ばかり。皆おやじの揚げ方をじーっと見ながら半分上《うわ》の空《そら》で食べている。皆地方のてんぷら屋で修業中の若い衆が、休みを利用して腕を盗みにきているのだ。修業中の若者にとってもカウンターは大事な教室なのだ。

そう判ってみれば、何か習おうと思えばカウンターに座ればよいということが判る。私の独身時代の初期の料理は、一人で食べざるをえなかったキッチンのカウンターで覚えたもの。ある程度できるようになってからは、今度は覚えたい料理を身につけるために覚えたい料理の店に集中的に行くようにして覚えた。二カ月、昼休みに必ずてんぷら屋のカウンターに座ってとうとうてんぷらをマスターしてしまった私の友人がいたが、そこまでしなくてもちょっと通えばかなりのところまで判る。

そして、それを家に帰ってちょっと試してやってみようという気になる。それがねらいなのだ、本文のかくれた主旨は。旨いものを喰うことの到達点は、自分で旨いものを作るということなのだということをいうため論を続ける。

ステディの店を持つ

割烹のカウンターこそ料理の原点。そこで私たちは料理の旨さ、作り方の手順から秘訣にいたるまで学ぶことができる。それではカウンターに通う習慣ができた貴方に、次なるおすすめは通いつめることである。旨いものを食べたいからと、あちこち喰い歩くのは求道者として当然一度は体験せねばならない通過儀礼。

あらゆる情報を手にしては、今日は千住の大鰻を喰いに「尾花」へ、明日は三田で本格フランス料理をと「コートドール」へ、翌日は旅の機会に音に聞こえた博多の屋台のラーメン、そしてもう一足延ばして唐津郊外の無類と評判の沢蟹を食べに川端の一軒家「飴源」……と転戦するのは楽しい。

舌のコレクションが次第に充実し、いっぱしの料理評論家、または食の千人切り的陶酔が貴方を襲うようになる。けれども、それは旨いものを喰うことを修業とすれば、その初期段階。若くて精気溢れていたときの(ああ！　そういう時代がありましたね)、女なら片っ端から――のあの感覚でしかない。求道者はより奥深いものを求めて次に進む。アメリカ人たちはそんな単なるデートを重ねた後の本格的なつきあいのことをステディといいますね。

料理探求の世界でいうと、次は目標を定めてある店、ある分野に通いつめることである。ステディな関係をしばらく続ける習慣を持つことである。もちろん、これはと思う旨い店を見つけたらの話。まずその店のメニューが全部判り、どれがこの店の売り、つまり定番であるかはすぐ判るようにする。あれこれその店のものを喰い散らして、その店全体を、その店の調理人の腕すべてを知ってしまうという方法はある。

かの辻料理学校の辻先生は、大阪にいるかぎりあの吉兆で昼飯を召し上がっていたという。こりゃ吉兆とは何か、日本料理とは何かを知る最良の方法であることは間違いない。吉兆の方も大変であったに違いない。毎日これでもか、これでもかと違った料理を出し、一体今日はどういう反応をするか、料理人は座敷の方を毎日うかがっていたに違いない。食べる人と食べさせる人の真剣勝負という理想の形がここにある。

何も吉兆でなくともよい、昼休みに会社のそばの定食屋に連日通ってこれやってみれば、多少それに近いものが発見できるはず。

同じものを喰い歩く

どんな店だって通いつめて顔馴染みになれば、それこそ貴方の分だけは一生懸命作ってくれたり、一盛り多かったり、ウエイトレスの美代ちゃんと次の休日に映画見に行く約束ができたりとか何とか、余得もあろうっていうもの。

もちろん、ある特定の店を決め、通いつめるうちに貴方の琴線《きんせん》に触れる逸品に出会うかもしれない。そうしたら今度は迷わず毎日その店に通い、それだけ注文することをやってみる。東京は代官山の小川軒のあのカウンターの一番端に席を決めておいてドンとそこに座り「いつもの」というと、いつものが出てくるようになる客がいるという。そこまでいくらかかるかは知らないが、例えばあのステーキにしろ、滅法高いクリームコロッケにしろ、牛丼にしろ、これは逸品が出てくることは間違いない。何も小川軒である必要はない。近所のラーメン屋でこういう関係が成立するようになれば、貴方は毎日昼にやや堅めで脂うすめの葱《ねぎ》たっぷりという貴方仕様のラーメンが自動的に食べられるようになる。これはこれでなかなかよいものだ。

さてそのレベルに達したら、そろそろ次のステップに進もう。貴方が馴染みになったその店の、その定番そのものを、今度は違う店に行って注文してみる方法である。貴方の舌にはもう馴染み店の味がインプットされているのだから、食べ比べてみればその味の違いはすぐ判る。女房以外の女と寝たときの……何をいっているのだお前は。いやあ違うもんですねえ、同じ博多ラーメンにこれだけ違いがあることに気付くと、貴方はこの世界の調理人たちの求道心の豊かさ、道の深さ、またはいい加減さというものが判ってくるようになる。

博多ラーメンなり、ハンバーガーなりだけに凝って、その道の達人となり、テレビ番組の常連になるという方法もないではないが、そこまでおたくっぽくなることはあるまい。

私がやるのはある期間イタリアンならイタリアンと決めて、その手の店を片っ端から流れ歩きながら、同じようなメニューを喰い散らすこと。オードブルだったら生ハムとメロンと決め、パスタはかたくなにアラビアータを注文し、メインはラムの網焼きくらいと決めて、さあ音に聞こえた東京のイタめし屋を流れ歩くのである。

店としては若い連中に評判の原宿のバスタパスタのような入門編から始まって、お近くの、この手の老舗ラ・パタータから同じくヴィ・サ・ヴィで心こもったイタリアの味を味わい、もうちょい足延ばして青山学院脇のトウリオの食後のエスプレッソの旨さにびっくりし、そこいらなめつくしたらメッカ西麻布方向でイピゼッリかアクアパッツァ、アルポルト、その周辺でクチーナ・ヒラタや、リストランテ山崎と、このあたり本格的イタリアレストランが軒を並べ、武者修行の相手には事欠かぬ。そこいらの道場をひとわたりなめつくしてみると、かっこつけた銀座のモランディとか、フィレンツェでは三つ星クラスのエノテーカ・ピンキオーリ、ホテル西洋銀座のアットーレ、ソニービルのサバティーニなどという店が果たしてイタリアレストランであるのか何であるのかがよく判るようになる。

まあそんな深みにはまらなくとも、同じ生ハムでこれだけの違いがあるのか、生ハムだけで食べるプロシュート・ソロっていうのも、よいハムがあれば絶妙だとか、トマトソースがこれだけ酸味や甘み、辛さの違いがあり、イタリア人がしつっこくいう堅めにゆでたアルデンテのパスタというものの旨みが判り、ラムとただの羊とはこんなに違うとか、同じラムでも滅茶苦茶柔らかくて旨いのと、ただ焼いてあるだけのがあるなんていうのが判るようになることは請け合い。会社のそばのスナックでミートソースのスパゲッティしか知らなかったひと昔前の低いレベルが恥ずかしくなることもついでに請け合っておこう。

食べ歩いてわかる基本

私などは、イタリア料理の食べ歩きを始めてみてイタリア料理というのはまずアンティ・パストという前菜から始め、最初の皿でスープまたはパスタ類を取り、次にセコンド・ピアットと称する二番目の皿のメインディッシュとして肉と魚またはそのどちらかを取り、最後にドルチェという菓子デザートのたぐい、それにチーズ、エスプレッソで約二時間から三時間というのをあいつらは本国ではやっているけれど、さすがに最近ではサラダにメイン一皿とか、中にはパスタだけでもよい（日本人の昼飯はこれ）という簡便な方向が見え始めたとかいう、メニュー構成の基本が初めてわかったというおそまつさであった。

考えてみれば、最初に食べたフルコースの西洋料理というのは、誰かの結婚式のときだった。あの料理の出てき方がまさにこれではなかったか。

いやこんなことでも体験として身につけておくと、これから外国、特にイタリア、スペイン、地中海方面に旅をしてレストランに入りメニューを読むという、あの至難の苦労がどれだけ楽になるか、飯を喰いにレストランに入るのが怖いなどというあの昔味わった恐怖から逃れられるだけでも、この修業は効果がある。

何、イタリア料理だけではない。フレンチでもステーキ屋でもプルニエと称する魚料理屋でも日本料理の懐石でも、それぞれ同じことをやってみると完全に中身が読めるようになる。

鴨ならオレンジソースで、同じレアでもアメリカと日本ではかなり違うことが多いとか、プルニエではソール・ムニエールなら万国ＯＫとか、次々出てくる懐石の向付《むこうづけ》の次は何がとか、八寸にはどういう決まりがあるとか判ってきて、ほんとうに料理が楽しめる境地がくる。次は何が出てくるのか、これはこうして食べて良いのかなどという知らない料理を食べるときの不安も消える。
旨いものを心おきなく食べるには、こんな修業の仕方をしておくと楽だということ。

作ってみること

どこに何があるか

カウンターや割烹で旨いものを喰う体験をいくつかして、多少食通になりかけたころのあなたを襲う次の課題は、自分で作るという究極のステップである。

そんなこと決してやるものか、男が台所に入るなんてとんでもないという九州の男衆や、やってはみたいけれど習ったことないしという東京の団塊のお父さんもいるだろう。

けれども御両者とも、ある日女房が急な病気で入院してしまい、翌日の朝自分で飯を作らねばならない羽目に陥ったとき、あなたがどれだけ慌てたかを思い出してみるがよい。

まず台所のどこに何が仕舞ってあるのかまったく見当がつかない。ビールが冷蔵庫のドアにあることくらいは知っているが、米のありかに塩の瓶、鍋と包丁の種類と違いｅｔｃ……とにかく何が何だかわからないというお父さんは多いはず。というより四十過ぎたほとんどのお父さんがそうだといってしまってよいのではないか。

実はそうすることによって、自分を頼りにしないと男が生きていけないように女が仕組んだワナだという説がないわけではないが。男たちがこと料理に関しては女に頼り切って、食材のありかさえ知らないのは事実。

そしてもっと問題なのは、こうしたお父さんたちが飯は作れない、ハンカチの仕舞い場所を知らないばっかりに、もう三年も寝ていない、会話もあまりない、つまり心がほとんど通っていない女と一緒に住まなくてはならなくなっていることなのだ。それができればすぐ離婚できますよとその経験者としてそのかしているわけではない。そういう生き方はまず第一に相手に失礼である上に、自分の生き方にも正直でない、全体的に人間として不誠実な生き方ではないかと思うからだ。それに飯が作れないなんて、男や夫の義務不履行という前に地上に生きるもの、人類として失格だとさえいってよいと思いませんか。

ということで、飯が作れないだけでこれだけ馬鹿にされるのは不愉快だから、最小限のものからまずスタートして飯作りなどの世界に入ってみませんかというお勧め。

基本を修める

女にできることが、何故男にできぬ。世間の板前は皆男ではないかとオトウサン自信を持って厨房に入ってよいはずなのだが、いざそうなってみると男はビビル。なぜビビルか、自信が心の底から湧いてくるわけではないからだ。

そりゃそうだ、料理実践の回数がほとんどない。そして知識が足りないことは本人が一番よく知っている。会社の仕事の、入社一、二カ月目の何一つわからないまま走らされていたあのときの不安感に似ている。

女は子どものときから何となく母親やまわりが、料理その他家事を仕込もうとする。本人も何となくそうなるのではないかと思いつつ、家人の料理を片目でのぞいたりして育つ。それに対して男は地方によっては「男の子はそんなことにキョロキョロするんじゃないよ！」と、男らしく乱暴に育つことが善みたいな育て方をされるのが普通。

だから男たちは家事や料理の基本を知らない。「ここでちょっと三杯酢を……」っていわれたって何が何だかわからないし、ましてや「シノワで漉《こ》して」とか、「火を消して味を含ませ」なんていうのははじめて聞く言葉。そんな風に基礎を知らないから、自信が持てない。自信がないから厨房に入らない、入らないから上手くならない……何だこれは私のゴルフのことではないか（閑話休題）。

というこことで、この項はそういう男たちの無知コンプレックスを取り除くための基礎講座と思って読んでほしい。

とはいうものの、基礎なんざ手抜きでやろうと思えば実は簡単。男だけではなくって、最近の若い娘どもは包丁一つ持てず、魚一つ下ろしたことがないのがごまんといる。そんな女のための『レタスクラブ』みたいな初等教育雑誌はあるし、入れればあーれ魔法の味が……的な簡易調味料はあるし、それも嫌だなどという女のためには、そこいら辺のスーパー、コンビニで炊き立ての白いご飯から調理済みサラダ、お惣菜のたぐいまで完全に揃っていて、上手く買えば手一つ汚さないで、一汁三菜《いちじゆうさんさい》くらいの料理は「作れる」。

ちょっと待って欲しい、それは料理とはいわぬ。第一旨くあるはずがない（それを旨いといって喰っている若者がいることについての怒りはまた別に）。

まずは生命のだし

簡単でかなり旨く作れる補助食品、調味料類がごまんとある。何もこの時代に鰹節削りで鰹節うんうんいいながら削れとはいわぬ。瓶入りの、紙パック入りのメーカーものの中には、まあまあ使えるものがあるのも事実。私もときどき使う。このあいだ、あの名物テレビ番組「料理の鉄人」を見ていたら、何と道場六三郎名人の調理台に私が使っている顆粒状中華鶏ガラスープの素がおいてあった。道場名人だって使っている。

けれど、あの若者たちのように、味噌汁もラーメンもカップものしか知らず、カレーは市販のルーが一番旨いと信じている人間にお父さんたちはなって欲しくない。そんな「男・子どもでもできる」ような喰い物を作るために男が厨房に立っているのではない。

まず基礎をやろう。それも現代だから現代風のにしよう。

例えば味噌汁のだし。本格的にやるなら鰹節削ってからというのがあるし、一番簡単なら顆粒状のインスタントだしの素まである。ま、われらとしてはその中間、昆布を水からというところは古典的に、鰹節はスーパーで買った袋入りの（まあ良心的にというところでこのビニール袋入りのをこまめに買うという程度で）を使うというのが妥当なところではないか。それでもちょっと差し水など粋に入れ、沸騰を止めたゆきひらの中にドバーッと山ほど鰹節放り入れ、一瞬待ってさらしで別の鍋に漉してとっただし汁の立ち上る匂い嗅ぐと、やったぜーっという気になる。

チキンスープにしたって、時間がない普通の日にはそれこそ顆粒だしの素でも何とか近いものができる。けれども日曜日、朝から暇なときには鶏ガラ二羽分熱湯にさらして脂を取り、丹念にアクをすくいながら朝刊でも読み、取り終わったら野菜類をドカドカと入れてコトコトと笑っている状態（決して煮立たせないという意味）の沸き具合にして二時間、もう帝国ホテルとはいえないがそこいら辺のレストランと同じのができること請け合い。ちょっと昆布入れてみたり、セロリ減らしてみたりするとそれぞれまた甘くなったり、和風っぽくなったりと味が変わってくるのがわかってきて、これまた止められなくなる。

これで和洋の基本のだしがとれるようになったわけだから、それから味噌汁作る、お澄まし作る、ポトフ作る、中華料理を作るなどなどはもう目の前ということになったわけ。あとの進行状況はそれ、本人の努力次第。

朝飯から始める

自分で作る料理の最初は何から始めるかといったら、これは朝飯である。女房が風邪をひいた、入院した、突然いなくなった、何があったにしろ朝の飯が一番の問題。昼はどこかからとればよいし、夜は食べに行けばとりあえずの数日はすむ。けれど朝飯を店屋物ですますというのは難しい。第一、朝出前などしてくれる店なんかあるか。

さて朝飯、普通は何を喰うか。パンにジュース、目玉焼きなどというのなら簡単。何、目玉焼きができない？　死んでしまいなさい。けれど、同じ卵でもオムレツとなるともうこれは立派な料理。このあいだテレビを見ていたら、日本人のシェフがフランスの三つ星のレストランで修業するための入学試験が「オムレツを作りなさい」であった。結果は「完璧です」と評価されて修業させてもらえることになるのだが、それくらいオムレツというのは技術の成果が反映するものなのですぞ。

オムレツのコツはフライパン。理想はどこかのシェフのオムレツ専用のを譲り受けるのだという説がよくいわれるが、シェフがそんなもの手放すはずはない。テフロン加工のでけっこう。そのフライパンをほどよく熱し、少し牛乳と塩胡椒を加えた卵二個分を注ぎ込む。箸でもフォークでもよいから周囲の固まった部分を中央部に寄せるようにしてかき回し、まだグニュグニュのうちにフライパンを向こうに傾け、縁を利用してひっくり返す。少し慣れれば手先でフライパンを煽《あお》って奇麗にオムレツをひっくり返すことができるようになるが、そんなこと誰も見ていて拍手してくれるわけではないから気にしない。

オムレツの最大のコツは焼きすぎないこと。中がグニュグニュで皿に盛ったら中身の黄色い部分が皿にトロリとこぼれるように作ること。帝国ホテルのシェフ村上さんのレシピなのだ。それをうまく崩れないように皿に盛るには皿を逆さにフライパンの上にかぶせ、そのまま今度はフライパンが上、皿が下という形でひっくり返すと、何と見事にオムレツの形をしたオムレツが皿にきちんとのった形で出てくる。この感動。これができたら、出張の折のビジネスホテルの朝飯に出てくるオムレツがいかにまずいかがわかる。ここでこの形のプレーンオムレツに成功すると、あなたはそれから、それにトマトやタマネギを刻んで入れたり、じゃがいもをスライスしたのを入れてのスパニッシュオムレツへ進む道の鍵が渡され、洋朝食はまかしておけ！　というせりふが堂々といえるようになる。

粥なら簡単

うちはいつも和食だ？　これはちょっと奥が深い、オムレツのように簡単にはいかない。飯を炊くのは炊飯器がしてくれることだから、そんなことしてのけたところで誰も感心してくれない。それよりもホテルの朝の和定食のベストセラーは朝粥定食だってことをあなたは知っていますね。その朝粥を作って「お主やるな」と評価されるのはいかがか。

粥を作るのも実に簡単。中国のホテルの朝必ず出てくるプレーンな白粥（オムレツ同様まずプレーンのコツを覚える）は米一に対して水十の割合で土鍋――それがなければ厚めの鍋でよい――に入れてとろ火で一時間も煮ればよい。それだけのこと。こんな簡単な飯だが、これそのものに味がないから、付け合わせにやれ明太子だの梅干しだのじゃこだのといろいろ具が必要になってかえって面倒。ここで一歩進めて粥そのものに味を付けて、これ一品で朝飯がすんでしまうという中華風の粥に挑戦してはいかが。

中国粥にはいろいろある。一番簡単なのは白粥の材料に鶏の骨付き一、二片放り込み、胡麻油を米と同量というから相当な量だが注いで(これがそれほどしつっこくないから不思議)、同じようにことこと煮て塩を入れるだけでできあがり。けっこう中国的な粥ができる。これに成功したら、あと具として何を入れるかで、干し海老、香草やザーサイ、ピータン、松の実、細かく刻んだレタスなんかが入れられるようになれば、もう横浜は中華街の粥専門店・謝甜記もかくやと人はいい、我も思うようになる。

さて、この簡単な中国粥をマスターしたら、次はいよいよ奥が深い和食入門としての味噌汁に挑戦! ご飯に味噌汁、アジの開きにお新香というのはそれこそ日本全国の朝飯定番ではないか。

味噌汁などインスタントで簡単にできるなどといってはいけない。ここで男の料理の神髄。ワンルームマンションに一人住む大学生であるまいし、ここをちゃんとやることで男が正面から料理に対面しているという緊張感が生じ、次の次元が開ける。

味噌汁に迫る

和となればまずだしを正式に昆布と鰹節でとること。これが和食の基本の基本。昆布を鍋に入れる。凝るつもりなら昆布は羅臼《らうす》か利尻《りしり》などと粋がる方法がある。火にかけ沸騰しかけたら昆布を鍋からあげる。鰹節をちょっと多すぎるかな？　と思うほど思い切って入れ、沸騰したらとろ火にし、三、四分したら火を消し鰹節が下に沈んだころ別鍋に漉す。この漉すというのが問題で、できたらさらしで漉して欲しい。どうしてもなければいろいろある紙製のでよいが、何となく雰囲気が出ない。何たって正式にやることに意味があるのだからここは古典的に布で。鰹節入れたらすぐ上げて漉すというのや、漉すときに少し押すとか、押さないとかいろいろあるけど、そこは御自由に。

さてこの方法をきちんとやってみた結果あなたはビックリするに違いない。料理の鉄人道場六三郎が生命のだしと称してあのキッチンスタジアムで毎回まず最初に作ったあのだしと似たような、または同じものがそこにできているのだ。あらゆる日本料理の原点であるだしがあなたにもできるようになったのだ。

そのだしに味噌を溶かす。一人大匙《おおさじ》一杯と思っておけばよい。味噌は何種か混ぜると味に奥行きが出る。私は名古屋出身だから八丁味噌に少し白味噌を加え、最後に味醂《みりん》をちょっとたらす。

子どものころの味を思い出して、味噌の種類、混ぜ方はお好みで。具はもう自由自在、何でもよいといったらいいだろう。大根の千切りという古典的なのから始まって、豆腐、茄子、里芋、じゃがいも、若布《わかめ》、キャベツ、油揚げ、タマネギ、なめこｅｔｃ……要するに、何を入れてもよいということ。要はでき立ての熱々を供するだけのこと。

飯も（炊飯器が作ってくれるとしても）粥も味噌汁もできる、ということになればもう数日の朝飯は何の不自由もしない。というより、これでいよいよあなたの料理道への門が開けたということ。これから先めくるめくような美食の世界への道をあなたは開いたのだ。コングラチュレーション！

和洋朝定食卒業

朝御飯が作れるようになったあなたへ。

和風朝食ができるようになったら、洋風朝飯なんてへでもない。ごく普通のホテルの定食として出てくるジュースに各種の卵（オムレツ、スクランブル、目玉焼き）にベーコンまたはハム添えそれにコーヒーなんていうのは、「男・子どもでもできる」料理、いや料理とさえいわない種類のもの。奥はいろいろあるにしろそれで朝飯卒業という乱暴な結論出しておいて、さて次に作るものは何だ。

男というのは基本的に昼間は職場にいるもの。そこで昼飯作るという手もないではないけれど、職場がレストランであるとか、料理研究所でもない限り男が昼間職場の隅でご飯作っていたら何かといわれてしまうのが日本の実状。職場での調理は残念ながらあきらめよう。中国などに行くと、現場や職場の片隅で、コトコト鍋で煮物したりしている男を見掛けるけれど、国が違う。

それならば夕食といったって、そこは奥様の独擅場。たとえまずかろうとマンネリだろうと、日本の妻たちは子どもに飯作り喰わせていることで男に対する優位性を確保しているという人種だから、そう簡単に夕飯作りを手放してはくれない。

その上ほんとうのことをいうと、働いている男が仕事が終わってから夕飯を作るのは大変なのだ。私が自分で経験したことだからよく判る。その日のメニューを前夜考え、材料を昼間か仕事後仕入れ、急いで家にかけ戻って下拵《したごしら》えから始め、熱々で食べるまたは食べさせるなどというのはプロでも難しい。その上馬鹿げたことにこの国では退社時間に帰るなどという男は人間にあらず——みたいな認識があるではないか。「夕飯作るために五時に帰る男」など存在するはずはないし、もしいるとすれば出世街道からまっさかさまと行方が決まるとされている（実際はそれほどではないだろうが）。

となると、あなたが作れるのは朝食以外は日曜休日の昼間のお遊びとしてだけなのかということになるがそうではない。もう一つある。夕食ではない夜食、または酒の肴という重要な部分にあなたの出番が用意されているのだ。

酒の肴を作る

酒飲みにはいろいろな種類があって、ひたすら酒を飲み酔うことに目標がある破滅型と、酒と食事を楽しむために飲むのと二タイプに大きく分かれるというのが定説。破滅型はいつかどこかの酒場の隅で酔いつぶれて終わってしまう人なのだから、そんな人に少し憧れたりはするけれど、決してわが身がそうならないことを信じたい我らとしては、家に帰って女房めが寝てしまって、または起きているくせにもう何もないわよ的な表情で我らの一日最後の晩酌《ばんしゃく》のおつまみも作ろうとしないとき、気兼ねなく自分のために自分で旨い肴作って旨い酒を飲みたいと思うではありませんか。夜遅く、自分で作る酒の肴のノウハウ。

まず自分で作る酒の肴というのは短時間でできねばならないという絶対的な性格がある。酒というのはまず「飲もう」または「飲みたい」という意識が先にある。そういう意識が目覚めれば、もう一刻もはやく飲みたいというのが酒飲みの卑しいところ、または本質で、その中でどうせ飲むなら何かちょっとしたつまみを添えたいのも酒飲み。だから、何か添えようと思うのだが、ここでやはり酒飲みは酒飲み。いかに酒が旨く飲めるからといって、つまみ作るの二時間半――まず豚の肩のブロックを鍋に入れ、おからを周囲につめた上で酒をひたひたに注ぎ、それを中火でことこと二時間くらい煮たのを冷まし、スライスしてカラシ醬油で食べると絶品――ということが判っていたって、そんなことまでしていま飲みたい酒飲まずじっと待つ法はない。

飲みたいなと思って冷蔵庫を開け、見つけたものでサッと作れるのが酒の肴の条件。だから蒲鉾《かまぼこ》にわさび、もろきゅうみたいにキュウリに味噌つけただけのもの、枝豆茹《ゆ》で、小皿の上に載せただけの酒盗《しゅとう》みたいな古典的なのがある。最近の学生のコンパみたいにビニール袋からバサバサ出すだけのいかくんとかポテトチップみたいな乾き物もないことはないが、そんなものは料理とはいわぬ。

世界で一番簡単な料理または酒の肴としてオイルサーディンの缶詰を開けて火にかけるだけというのがある。味つけの必要はないけれど結構喰えるし、喰い終わったらそのまま缶を捨てるだけだから、皿洗いもいらなくて楽……というのだが、まあぎりぎり我慢してこれを最低の酒の肴の基準だとするか。

とにかく三分以内に作れねばならないというのが私が私に課した第一の基準。

酒に肴を合わせる

酒には酒に合う肴がある。それを作れなければ意味がない。もっとも昨今のように「とりあえず」のビール、または後半の水割りが万能で、それ以外飲もうとしない風潮の中では、そんなこと無意味かもしれないが、やはり、酒はそのときの気分で飲みたいし、飲まねばならぬ。夏ゴルフで汗をかき風呂入った後は絶対ビールだし、南フランスを春から秋に旅行しているならもうテラスでパスティス飲みたくなるはず、寿司屋で水割り飲むのも、本当は寿司屋のおやじ嫌がってるの知ってました？　寿司屋酒のTPOでいうならば酒に喰いもの、または喰いものに酒合わせるのは当然の礼儀。

とにかくそうして選んだビールを飲もうと思ったときにはビールに合うつまみ、日本酒には日本酒向きの、ウイスキーにはそれなりの肴でないと旨くない——と私は思う。

そんなことは人の勝手、おれはくさやの干物でブランデーのストレートがとか、日本酒の冷やにはスパニッシュオムレツがなどという人もいるだろう。けれどもあなた、東海林さだおさんが指摘するように生ビールには枝豆、串かつで、決して茄子のお浸しではないように、ワインに味噌かつというのがあるはずないではありませんか。

そして私の基準でいえばそれを三分で作らねばならないのだ。朝飯ができるようになったあなたには絶望的な話ではない。私が作る一番簡単な各種類の酒向きの肴を一品ずつご披露。すべて飲み屋かどこかで仕入れたものばかり。

ウイスキー飲みながらちょっとというときには青山のバー・ラジオの尾崎さんが作っているの見て覚えたガーリックオムレツ。にんにくを弱火のバターで柔らかくなるまで炒め（焦がさず）、少しミルクを加えた卵を加え、ちょこちょこと火を通しグニュグニュのうちに皿にとって二滴ほど醬油かけておしまい。絶妙にウイスキーに合う。

同じにんにくを使って中華風肴なら、横浜中華街は金陵のママさんから習った中華風サラダ。にんにく一切れ包丁の腹でつぶし小鉢に入れ、キュウリ一本半分に切って同じくつぶして足し、それに醬油と胡麻油等量にさしてでき上がり。すぐ食べれば新鮮でビールにも合うし、翌朝残っていれば味が濃くなっていてご飯のおかずにもなる。

日本酒の肴なら無数にあるが、角館の飲み屋で納豆と大葉を一緒に小さく刻み（いまの納豆は皆小さくて刻みにくいかな）、小皿に盛って塩振っておしまいという超簡単なのが出た。ときどき作るのだが、醤油だと朝飯用になってしまう納豆が塩と大葉のおかげで見事辛口の酒向きの肴になるから面白い。

ワインだったら高田馬場のイタリア料理屋文流で出るピーマンとアンチョビーの炒め物。赤と緑または黄色ピーマンの二種類をフライパンに入れ缶詰のアンチョビーを刻んでオリーブオイルで一緒に炒めるだけのもの。アンチョビーの強さが消えてマイルドな味がワイン向き。

こんな酒の肴、朝飯同様、一度作ってみるとバリエーションはいくらでもできるようになるもの。あれができたのだから、これはできないかと思いつくようになり、やがてはあれが喰いたい、作ってみたいがために酒が飲みたくなってのどが鳴るなどという逆転現象まで起きてしまう自分を発見するだろう。ただの酒飲みから正しい酒飲みへの自己脱却への道。

炒飯《チャーハン》もレパートリーに

どこかのそば屋で食べた絶品のだし巻き卵なんていうのだって、形さえ気にしなければちゃんとだしを冷まし、卵と混ぜてフライパンで薄く焼いては巻き、薄く焼いては巻き重ねなんてやるとできてしまう。これに大根おろしかなんかで冷やで一杯やりなんていうのがたまらないではありませんか（本当のことというと、できたらだし巻き卵専用の四角い鍋があった方がよいに決まっているし、焼いては鍋の向こう側に寄せ、その都度ひっくり返しては油を引き……などというのはちょっと熟練がいることは事実）。素人がそう簡単にできるなら、商売人は遊んでるわいというセリフが聞こえる。けれどあなた、自分が作る料理は絶対おいしいから自分で作るのだ、そんなことにめげてはいけない。

他に、あなたが大好きなお芋の煮っころがしだって、南瓜《カボチャ》の含ませ煮だって、うどんの汁だってみなだしさえ作れれば、あとは子どもでもできるのだ。

同様にチキンスープだって、これができればこのあとにかなりの世界が開ける。「ここでスープストックを二カップ……」などと書いてあるすべての料理をクリアすることができるのだ。すべてというのはいわゆる西洋料理だけでなくって、中華ですらこのだしがカバーすることが可能なのだ。かくてあなたは和洋中の世界の料理に君臨することになるのだ（これもいささかオーバー、料理の世界は本当はもっと奥が深いのですが）。

例えば中華料理の最後の味は上湯《シャンタン》と呼ばれるスープで決まる。世界一といわれる香港の福臨門海鮮酒家の味は、ここで上湯専門の名人が中華ハムその他で出すこのスープの味で決まっているというくらい（世界一高い値段も）。そんなスープができるわけはないけれど、そのあなたが作ったチキンスープストックにちょっと市販の中華味の素を入れてそのつもりにしたスープで、けっこう中華風な青菜炒めやラーメン、またはあの麻婆豆腐だってできるのだ。

そうだ、中華の基本炒飯の作り方もこの際覚えておこう。何たって、うちの娘なぞ、炒飯の作り方だけ覚えて嫁に行ったくらいの基本中の基本である。

中華鍋を用意する。まあ大型のフライパンでもよいが、ここは張り込んだ中華鍋を使って欲しい。気分が違う。ガスに掛けて五分くらい真っ赤になるほど熱する。そこへ油を多めに入れてお玉で鍋全体に回して捨てる。もう一度新しい油を少し入れ、溶き卵を入れる。ジャーッとかき回したら生煮えのうちに冷やご飯を入れる。鍋の底に押しつけるように急いで飯をほぐす。あとはベーコンでもレタスでも納豆でも、しいたけでも好きなもの入れて塩胡椒、最後にちょっとつまんでみて、味が足りなければ鍋側にちょいっと醤油でもたらしてでき上がり。サラリといためるのだけが勝負の簡単なものだ。この程度できれば嫁にだって行けるというもんだ。ああ、それで娘は嫁に行ってしまった。

炒飯もそうだが、このレベルをマスターするとあとは自在な世界が開けてくる楽しさが、基本というものの面白さ。まずクラブの握りとスタンスから。違ったか。

第二章

生活の中で考える

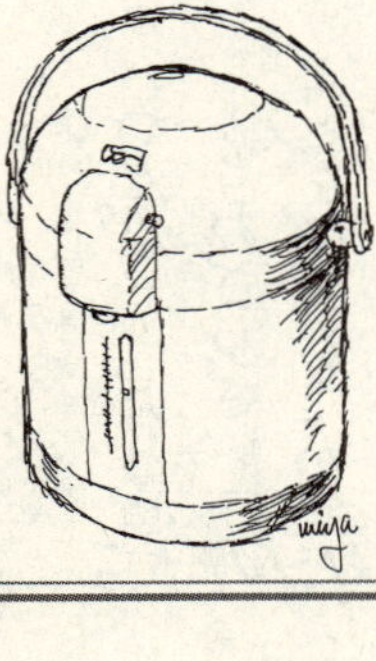

家の道具を考える

台所は何故汚い？

さて朝飯やつまみ作るために台所に入る癖がついてみると、男としては当然気がつくことがある、またはあるはず。——とわざわざいうのは、実はほとんどの男が気がついていないということを強調したかったからなのだが。

おたくの台所に入って気がつくことの第一は、台所というのはこんなに汚い場であったのかという印象であるはず。日本の台所は汚い。理由はハッキリしていて、一に女たちが台所は奇麗になんかならないとあきらめていて、かたづけようという意志を放棄していること。二にそう思わざるをえないほど道具が多く、あの狭い台所ではかたづけようがないというわが国特有の事情があること。

そうでしょう、洋食しか喰わないヨーロッパやアメリカに比べて日本という国は和食から中華、洋食と三種類の食事を日常的に食べ、それぞれのための調理器具——目玉焼きならフライパン、炒飯なら中華鍋、ポトフなら深鍋または寸胴《ずんどう》というものが必要な国。

その上、それぞれの地域の喰い物はそれぞれの国の食器またはそのまんまで喰うという常識が厳として存在するから、さんまの塩焼きは決してスープ皿に盛らず、ラーメンは中華ドンブリで、紅茶は紅茶茶碗、おひたしは和風小鉢と必要以上にこだわる。調査によると台所関係の生活用具でいうと、日本はヨーロッパに比べて三割以上多いという結果が出ている。そんな沢山のもの一々しまって奇麗にしておけるか……というわけだ。

三番目には日本の食事というのは、食事中に炒めたり、焼いたり、温めてよそったりという行為がいくつもあって、そのためにいろいろ調理中の器具や食器類などしまっておくより出しておく方がはるかに楽――という面もある、というやつ。まあ、これは私にいわせると言い訳的ニュアンスが強いと思いますがね。

結果として日本の台所には、ありとあらゆる物が出っ放しになっている。各種各様の調理器具から食器類、洗剤からふきんの類にいたるまで。「こんなゴキブリ・ジャングルみたいな所がきれいにできるか」――というわけだ。

女好みのグッズが溢れて

日本の台所にはありとあらゆる器具、什器《じゆうき》、小物の類が散乱していて、奇麗好きのドイツ人（ドイツの主婦たちはその愛用の鍋をピカピカに磨き上げ台所に吊るして飾り立て、せっかくきれいにしたその鍋汚すからと夕食に温かいものを出さないのだ……という指摘が古くからあるくらい）の主婦が見れば気絶またはその姑が見れば即離婚的な光景をしている。そして、その汚さに目をそむけず、もう少し意地悪くじっと目を凝らしてみると、今度は器具、什器、食器類が妙に安っぽく、幼児的な好みであることに気がつく。

鍋の多くは柄《え》が赤または黒で、蓋や脇にも赤い花が描かれたペナペナのアルマイトである。鍋摑みはアップリケをしたぬいぐるみ風、食器棚の皿や小鉢類は趣味が全然一貫せず、伊万里まがいの小鉢の下には益子《ましこ》風の茶碗、その下には金色と目が覚めるような派手なブルーの西洋皿、もちろん食卓の上には「押すだけーっ」の花柄のジャー、万古焼の急須《きゆうす》に清水焼の茶碗、泉屋のクッキーにトワイニングの紅茶の缶。

この混乱の原因は、これらのほとんどが安いまたは可愛い！　という動機で発作的にデパートの特売等で購入されたもの、または結婚式等の引き出物等のもらいもので構成され、決して一貫した美学の下に計画的に購入されたものでないことにある。一貫した美学など台所にあるはずないという主婦たち、つまり皆さんの妻たちの、確固たる信念に支えられてこうした混乱の風景が実現しているのである。

日本の家を支えている主婦たちに、自分の生活や生き方のイメージが基本的に薄いのではないか……というのが、長年の私の持論なのだが。

ところで男である貴方たちはどうだ。男は美学によって支えられ、生きているのではなかったか。男にとって、厨房になぞ入ってなるものかという信念は、こんな美学のなせるものではなかったか。厨房に入るぞと決めるのはその反対のこれもやはり美学。

私たち男は、何時《いつ》の場合でも自分の美学にこだわる。どの大学に進み、何を専攻し、どういう分野の世界で働き、どういう人生を送るべきかという一貫した思想性の下に人生は構築されているのであり、どういう生活を送り、どういう老後を過ごすべきかは厳密に計算されているではないか（エッ、全然していないって？　貴方は例外、男ではない）。

男は包丁

男たちにとって、調理器具はやはり美学として凝りたい部分である。何よりもあの女じみたペナペナの「家庭用」など使いたくはない。男が探し求める最初の道具は何か。男にとっては当然ナイフである。昔ヨーロッパの男たちは、何時も自分用のポケットナイフを持ち歩いていた。今男の背広の内ポケットの下にある小さなポケットは、決して今我々がしているようなボールペン差しではなくて、かつてナイフを入れていたときの名残なのだという。さよう、このように男と刃物は対概念なのだから、台所で選ぶ男の道具の第一は包丁ということになる。

日本の板前は、自分の専用包丁にさらしを巻き、懐に忍ばせて旅に出る。ヨーロッパのシェフたちは、専用のトランクに包丁一式入れて次なる職場に向かう。フランスの料理学校コルドン・ブルーを卒業すると、コルドン・ブルーのマーク入りの包丁セット一式が入った手提げ鞄を買わされる。包丁が料理人のシンボルであることのしるし。

さてその包丁、デパートなり専門店に行くと和製から外国もの、刺身包丁、菜切《なき》り包丁、牛刀、プチナイフと無数にあってどれにしたらよいか迷うはず。まあ毎日毎日料理するわけでないし、刺身作るほどの腕ではまだないのだから、先のとがったいわゆる牛刀と、プチナイフの二本もあれば十分。名品である必要はない。家庭ならスーパーで売っている八千円程度ので十分。

さあ、それを買って帰って何か切ってみよう。わが家に昔からあったペナペナのに比べてあまりの切れ味のよさに驚くだけでなく、ものを切ることにこんな性的といってよい快感が隠されていたのかと思わぬ発見をするに違いない。あさつきを、玉葱を、キャベツをひたすら切り刻み、みるみるそれがまな板の上に塊となってくる快感は、切るという性的快感に豊富な喜びが加わって、一度やってみるとやめられなくなることも発見する。

ま、それはそれ、とにかく切れる包丁というものは調理人を調理に専念させる強さを持っているのだから、素人の私たちにも快感のいくらかを分けてはくれるし、何よりも切れることによって、料理の味がよくなり、それより何よりも料理って楽しいもんと我らに感じさせてくれるということがすばらしい。

研ぐのも楽し

包丁というのは切れて命。切れない包丁なんていうものくらい料理の楽しさを奪うものはないし、刺身にしろサラダにしろ包丁がすぱすぱ切れたときのでき上がりの味がまず違うことと、何よりも割烹でいうところの「割《さ》」く快感を感じさせてくれるのは切れる包丁。昔風の大工が現場で一日の半分くらいは鉋《かんな》やのみを研いでるんではないかといわれたのも、彼らが切れる刃物でなければ仕事が上手く上がらないことと、そうでないと楽しみにならないことを身体で知っていたからだ。

ならば、料理を楽しくするために、それによって旨いものを喰うために命の包丁を研ごうではありませんかといっているだけ。だから、最小限の砥石でよい。本職が使うような粗砥《あらと》と中砥《なかと》それに仕上げ砥の三種類も揃える必要はない。こんなに手間が掛かるんじゃ研ごうという意欲が初めから薄れてしまうし、第一あなたの包丁はそこまでして研ぐほどの代物ではないはず。研ぐ腕も。

本職は笑うかもしれないけれど、スーパーで売っているオール兼用の砥石一つあれば研がないよりはるかにまし。

要はそれを正しく研ぐ方法を身につけていただくことと、こまめに研ぐ習慣を持つこと。正しい研ぎ方？　写真なしで説明するのは難しい。ここだけは何か本読むかデパートの地下で包丁の売り出し宣伝でもやっているお兄さんがいたら習ってきてください。それほど難しいものではない。私なんぞは小学校のときおやじに一回習ったきりで今日まで研いできたという程度のもの。

回数は最低月に一度。できれば半月に一度。縁側か（今はそんなものはないか）、バルコニーか、そうでなければキッチンの調理台の上で、のんびり焦らず黙々と研いで（といったって一本十分も掛からない）、仕上がりチェックと刃の掃除のために野菜くずを切ってみるときの快感。俺もやるもんだという気持ちがこみ上げてくるに違いない。

こういう日の料理はあさつきいっぱい載せたうどんか、玉葱のみじん切りを山ほど炒めるカレーライスかキャベツの千切りを皿溢れんばかりに添えた豚カツか、とにかくそんなものにしたくなること請け合い。

最少限の鍋

包丁が終われば今度は鍋である（まな板は順位がもっと後）。

鍋だっていろいろある。特に日本の台所は世界に誇る鍋王国。お宅の流しの下を見てご覧なさい、ごちゃごちゃと鍋が積み重ねてあるでしょう? 両手、片手、大型、中型、行平《ゆきひら》にすき焼き鍋、土鍋に湯豆腐専用鍋なんて余分な日本特有なものに加えて、中華鍋に圧力鍋、寸胴などという外国勢までも加わるのだからどうしようもない。

これもそれほどいらないのだが、やはりある程度の数はいる。男がちょこちょこと料理を二人前くらい作る程度なら、片手鍋と両手鍋の中各一、できたら片手鍋は浅いものもう一丁、中型の寸胴、くらいでよかろう。なかでも寸胴はスパゲッティ茹でるのからスープとるのからシチュー作るの、蒸しものまで間に合うから絶対。

何しろ、私が離婚してまったく何もないスッカラカンで再出発したときに、最初に買ったのが包丁と寸胴の二つだったという輝かしい記録と伝説が残っているくらいのもんだ。そして中華鍋はやっぱり欲しい。炒飯だけではなくて、中華料理の全部はこれで作るのだし、年とってくると妙においしく感じる野菜炒めなんかには絶好。それにオムレツや目玉焼きなどという洋風朝飯の定番には絶対のフライパンの小一つあればいうことなし。

これだけ揃うとかなりの量になるから、ここで男の美学の発動。あの修練時代通ったキッチンや、割烹の厨房を思い出してみよう。あのレンジの上のパイプ棚にずらりと積み上げ並んでいた、または吊り下げられていた鍋の数々。あれこそプロの厨房なのだが、あの鍋類皆銀色でピカピカ光っていたのに気がつきました？　町場のプロは皆アルミの鍋で揃えているんですねえ。もちろん、アルミはアルツハイマーの原因になるなどという説があるけれど、ステンレスは硬すぎてあの使い古してベコベコになったいかにもプロっていう感じ出ない。私はだからアルミが好き。

もちろん中華鍋は黒い鉄と決まっているし（軽くするために特別だがチタン製がある。ゴルフのクラブ同様の成果が上がるかどうかは知らないが)、フライパンは内側だけテフロン仕上げっていうのはオムレツなどには絶対だからこれは許す。

さてこうして鈍い銀色で揃った鍋類は、ぜひ調理台またはレンジの上にヒートンかなんか打ってそこからずらりと吊るしてて欲しい。もちろん寸胴は無理だが。男の美学が支えている厨房! という感じに溢れ、これを見る度に意欲が漲《みなぎ》るのを感じるに違いない。

さて、それ以外何がいるか。専門書を開くと書いてあるわ書いてあるわ、やっとこ鍋、擂《す》り鉢、お櫃《ひっ》、片口、料理ばさみ、チーズおろし器、シノワ(こし器)etc。けれどもそんなものなくったって前述の道具類あればたいていのものできることを、主夫十年の経験がいわせる。

プロ用の道具を使う

私の個人的な欲をいうと、どうせ楽しんで料理するんだったら中華用に蒸籠《せいろ》があった方が東京の中村屋でも大阪の蓬莱でもよいが豚饅蒸すときは雰囲気が出るし、中華鍋かき回すときは、中華用の玉杓子《たまじゃくし》があった方が気分が出るから備えておいたらいかがか。

気分ついでにいうと、そのときの気分を高揚させ、ちょっとプロの雰囲気に浸る美学としてそのときの衣装がある。

普通はエプロンが男が厨房に立つときのシンボルのようになっているはずだが、これを女房のお古のアップリケか何かしたやつなど着けないでいただきたい。これくらいみっともないものはない。ここでもプロ用のを着用して欲しいのだ。

そんなもの盛り場の端の方に必ずある白衣屋さん、または東京だったら合羽橋専門店街に行けばフランス料理シェフ用からソムリエ用、下働き用、白、黒、長いの短いの何でも揃う。真っ黒なくるぶしまであるエプロンなんかきりりと締めて厨房に立つと、古女房までが惚れ直し我もまた惚れ惚れするような粋な姿になること請け合い。

それにそのお値段の安いこと。このあいだ、学生のパーティでシェフのかっこうして見せなければならなくなって合羽橋に行き、シェフ用のくるみボタンの正式上着（何とこれが一千六百円なのだ）にお馴染みの帽子、長いソムリエ用のエプロンに調子に乗って首に巻くスカーフまで買って全部で四千八百円であった。考えてみたらこれはプロにとっては消耗品、安くなければ使えないのだ。

私なんぞはお調子者だから、実はパリに行けばプランタン・デパートの実用品売場で真っ黒なエプロン見つけ、このあいだは中国は西安に行ってやはりプロ用らしい店を発見して中華料理の調理人がかぶっている帽子買って帰ったばかり。作る料理に合わせて着けるもの、かぶるもの替えてみると雰囲気が出てやる気が起こることを実感しているけれども、そこまでしなさいとはさすがにいわない。

義務として飯作らされている、作らなくてはならないなどという義務感など持ったら、会社の仕事同様やる気が薄れておしまいなのだ、こういう行為は。

たとえそれが義務であってもそれを楽しいものにしてしまうには、こんな何らかの演出がかなりきくことを実感としている者として、皆さんにお勧めしているだけのこと。

食器もまた多い

日本の調理器具と食器は世界に冠たる多さである。

世界中共通することだが、中華料理は中華の調理器具で作り、中華用の食器に盛ることになっている。ついでにいうと、食べる店も中華料理屋は、日本中皆中華料理屋風の造り――つまり赤い壁、金色のいかにも中国風の装飾、中国画と決まっている。日本最大横浜の中華街に行ってみればすぐわかること。その中でただ一軒コンクリート打ち放しで中国風でない造りの店がある。何を隠そう、私がこんな店もあってよいのではないかと設計したのだが、誰も中華料理屋だと思ってくれず、せっかく味はよいのに苦戦しているとか。

フランス料理屋やイタめし屋は、どうせ日本人にはイタリアとフランスの差わからないからと、両方とも西洋料理屋風に造って、あとは国旗を飾ったり、看板にフランス料理とかイタリアレストランと書いたりして国籍を表示している。

レストランではない普通の家だって、コーンスープということになれば絶対お椀《わん》には盛らないで、あれば必ずスープ皿で出てくるはず。だから日本の食器は和洋中揃えねばならずまた欧米の三割方多い。

というわけで、あなたのお宅でも調理用器具は山程あって今日はすき焼き喰うかということになると、流しの下に山積みになっている鍋の山から、ガラガラ音を立てながらでないとすき焼き鍋は出てこない。食器戸棚も似たようなもので、中華丼も西洋皿も、萩焼も備前も味噌もくそも一緒くたにぎっしり積まれている——はず。

そんな乱雑な中身なんか見ても楽しくないのだから、食器戸棚というとすぐ外国の真似をして扉を透明ガラス張りにするのよしなさいと、口酸っぱくして家具メーカーにいっているのだけれど、相変わらずあの人たちはその手の戸棚しか造らないし、買う人もそういう食器棚しか買わない。おかげで私たちは人様のお宅に行くと、どれくらいいろいろな食器をこの家は持っているか、またはもらったかが一目でわかることになってしまっている。どういうわけだか、日本人というのは、結婚式かなんかでもらった金色やガラスの食器など、もらいものだからと平気で和風の食器と一緒に使うくせもある。

よい食器を使う

食器だってやはりよいものを使いたい。
食器を食べるわけでないからと、茶碗はガラクタ市か近所の食器屋のバーゲンセールで買ったもの、グラスはウイスキーの景品に付いてきたサントリーかなんかのマーク入り、お椀は見た目も持った感じも違わないのだからとプラスティックの化学塗料か、せいぜい張り込んで上だけ漆を塗ったもの、箸は結婚以来ずーっと同じ箸で先の方がささくれ立っている……などという人はいないか。いるんですねえ、こういう人がけっこう。こういう人は旨いものについて語る資格なし。もうけっこう。

かの魯山人《ろさんじん》が自ら数々の食器を生み出したのは、自分の作った料理を自分の皿の上に置いてみたいという欲求もさることながら、食器によって旨いものはより旨くなると信じていたからだ(ここで間違えてはならない。まずい喰い物でも美しい食器に盛れば旨く喰えるなどということは決してないこと、料理の下手な女にどんな立派なシステムキッチンを与えても、決して急に料理の名人にならないと同様)。

旨いものができるようになったら、やはりよい食器で食べたい。

プラスティックの椀にそそがれた吸物は、それがどこの料亭の板前が作った名品であろうと、本物の漆《うるし》の椀に盛った場合よりは味が落ちると感じるに違いない。口当たりが違う、熱さの保たれ方が違う、手に持った柔らかさが違う、置いた場合の姿形の心地よさが違う。

値段も違うという人がいる。それは当然だが、一ケ三百円のプラスティックの椀で感動なく食べやがて欠けて捨ててしまうのと、三万円の能登の椀を毎食の度に美しいな、いいなあと思いながら大事に十年、二十年使うのと、長い目で見たらどちらが得か。

それに高いったってたかがしれている。そりゃ人間国宝のなんとかさんの新作なんか買おうと思ったら大変。私も能登の角《かど》さんの大振りの椀が好きで、探しても探しても手に入らず、やっとの思いで手に入れ、今、毎日使っているのだが、これなどは値段ではなくて、生産量が少なくて入手困難ということが大変だった。

百万円もするような器にのせるほどのすばらしい喰い物を我らが作るはずはないのだから、適当に歩いて適当に気に入ったものがあったら買えばよい。ただ、なんでもいいから目の前にあるのを使うなどという、イージーな食器選びはしたくないなあということ。

選んで使う楽しみ

食器の世界だけではないがこの世界、名品が溢れていることに気が付く。

漆でいえば何も能登だけでなく日本中、九州から北海道まで、琉球、日田、岡山、木曾から加賀、会津、川連、浄法寺、津軽と名品の里が続く。中国や韓国、タイなどに足を延ばせばもう無尽蔵といってよい。私などしばらく中国風の粥食べるときはモスクワで買ったロシアの漆（まあラッカーだが）を愛用していたことがある。

食卓の主役といえば、日本ではやはり陶磁器。だからまあ種類の豊富なこと、そしてそれぞれの好みの多いこと。

飯茶碗はやっぱり益子《ましこ》の重々しいのがといえば、いや清水の薄くて軽いのが本来という女がいるし、砥部《とべ》焼の鉢にお芋の煮っ転がしをといえば、何、煮物の鉢なら唐津、それも中里さんの弟のがというのが必ずいて、萩がいいの、いや赤絵もなかなかと、もうこれはきりがなし。だから人の意見など聞くことは無駄。ある日、町や食器売場を歩いていて、棚で呼んでいる食器があれば一つ買えばよろしい。

一人前では揃わないなどつまらないこと気にしない。料亭ではない、連れ合いと違う食器で同じもの喰ってなぜ悪い。ちょっとしゃれた居酒屋や割烹に行くと、どのお猪口《ちよこ》お使いになりますかと、盆一杯の杯を選ばせてくれるではないか。私の家では気に入った食器、グラスは一つしか買わない、バカラなどという高級品などは買えないというせいもある。したがって、人が集まって飲むときには、皆それぞれ違った、つまり自分の好みのグラスで飲んでいる。それはそれでなかなかよいものだ。ウオッカ飲むときとワイン、ビールではそれぞれグラスが違うではありませんか。いろいろグラスがあると、一人のときでも、あれこれ選ぶ楽しみができる。

食器売場をさまよいながら、悩むところから食器選びが本格的になる。ただし、これは危険な道。うっかり伊万里に凝り始めたり、そば猪口集め始めたりすると、あとは雪だるま式のいってみれば地獄が始まる。

青磁だ有田だ、絵付けだ釉薬《うわぐすり》だ、朝鮮だといっているうちについに日本以外に目がいくようになって、そらタイの漆が、中国の皇帝窯がという話になる。そして次第にマイセンだ、リモージュだ、ロイヤルコペンハーゲンだ、ついてはシルバーはクリストフルだ、ジャンセンだ、いやアンティークのアールデコだ、ティファニーだという世界になだれ込み、落ち込んでいく姿が目に見えるよう。

これは道の踏み外し。そういう世界があることは事実。それはそれで楽しいものであるに違いないが、ものを喰うために、それにふさわしい食器を選ぼうというだけの話。

食器など女の世界だと思っている男たちもたとえ買わなくても、一家《いっか》言《げん》くらいは持ちたいもの。

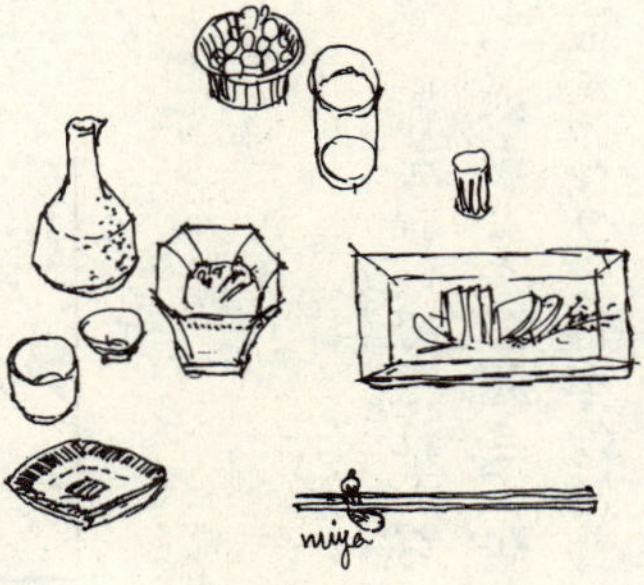

家の足元を考える

なぜ玄関にスリッパ立てがあるのか

家に帰る。玄関を入り「帰ったよ」と声を掛け、靴を脱いでそれからすることといったら、まずスリッパ立てからスリッパをとって履き、居間なり食堂なり寝室なり便所なりに歩いていくことだろう。日本のほとんど一〇〇%近い家で、同じ光景が展開されているはず。

誰もこれを不思議がらないのだが、何故私たちは玄関で靴を脱ぎ、スリッパを履くのか。

若いころ台湾の住宅の図面を見ていて、愕然としたことがある。玄関に当たる部屋はあるのだが、そこに沓脱《くつぬぎ》線が書いてないのだ。沓脱線といったっておわかりにはなるまいが、日本ではオフィスビルなどを除いて、住宅、旅館、学校、寮などという生活型の建物には下足ごと室内に入ることは決してないから、必ずどこかで靴を脱ぐ沓脱線という境界線があって、その線を何処にするかが設計上の重要な問題点なのだ。

小学校のような施設では玄関部分に大きなホールがあって、そこに全生徒分の下駄箱があり、生徒は登校、下校時に必ずそこで靴を脱着せねばならぬ。思い焦がれた君の下駄箱にラブレターを入れたりする古典的な方法はもう誰もしないのだろうが、朝夕ここで生徒がチェックできるという機能は管理側にとって便利で、だから職員室から見通せる場所に玄関、沓脱を設けるのが設計上のポイントになっている。旅館だと普通は玄関で下足番が靴を預かって、逃げられぬように管理してしまうのだが、最近の旅テル（ホテル風な巨大旅館のこと）では、ホテルに慣れた客用に部屋まで靴で行ってもらうが、やはり靴は入口で脱いでもらう古い形式は依然として残っていて、そこで靴を脱ぐことになっている。

住宅となれば当然玄関または勝手口で靴を脱ぐのだから、そこに沓脱線というのがあるのが日本の常識だったし、台湾も中国も東洋だから同じ、またはそれに近いと何となく思っていたのだが、あの国では室内で靴を脱がない——だから沓脱線などというものはないのだということが台湾での驚きの原因。念のためお隣韓国を調べてみたら、ここは基本的に室内では靴を脱ぐ。ただし、下足のうちに足袋のようなものを履いていて、靴を脱いでその足袋のまま室内に上がるのが伝統であるという。

脱ぐ文化・脱がない文化

ヨーロッパ人はご存じのように基本的に室内でも靴を脱がない。靴というものはちゃんとした服装の一部で、それを脱ぐのは寝るときとか、気心の知れた相手の前でくつろぐときとかで、靴下裸足というのは下着姿を見せるのと同じくらい失礼なのだということになっているらしい。

一昔前話題になった映画『エマニエル夫人』の有名な籐椅子《とういす》に座った全裸のシルビア・クリステルのポスターで彼女は、裸で靴だけを身につけていた。「ヨーロッパの人はセックスのときでも、靴を脱がないことがあるんですよね」とそのポスターの話をしながら教えてくれたのは清家《せいけ》清《きよし》先生だったが（閑話休題）。

同じ映画でいえば『マイ・フェア・レディ』でオードリー・ヘップバーン演ずる小娘を貴婦人に仕立て上げるヒギンズ教授の、ヘップバーンと仲直りし日常生活に戻ることになる有名な最終シーンの言葉は「イライザ、スリッパはどこだ？」であったのも、そういう仲なんだということを観客とイライザに知らせる意味があったのだ。

それはともかく、このように室内で靴を脱ぐ文化圏と、脱がない文化圏は昔からハッキリ分かれていて、それは時代が変わってもあまり変わらない。両者の差はその住居が床を張る高床式か、地面に直接床を作ってしまう土間式かの違いによると学者は説く。さらに、高床は高温多湿のアジア・モンスーン地帯や熱帯地方で、地面の湿気から逃れ、また床下に風を通すことによって暑さをしのぐための必然であり、そのせっかく作った生活空間としての床に汚れた下足で上がらないのは理の当然であるという。

人間の足の裏は掌同様、五百万年程前草原に降りてくるまでの樹上生活時代の名残として、ノンスリップとしての掌紋と、同じくスリップ止めとしての汗という特性を持っている。高温多湿の地域では、屋外は別としてその足の裏という汗をかく部分を何かに包まないで裸足でいるのが一番自然だとは人類学者の意見だし、確かにその方が足がむれない……というのは私たちの実感でもある。足の裏に汗をかいてしまうのだから、直接触る床はその汗を吸収してくれる板とか草などの自然素材が一番ということになる。日本の畳と板、韓国のオンドル紙や板などがその典型。

脱ぎたい日本人

高温多湿の東南アジアの一地域に属する日本では、床を張って上に畳というマットを敷き、そこへは下足では上がらない、という生活習慣を厳格に守り育て、そうした生活性に基づく文化をそれなりに高めてきた。お茶やお能、お花、日本舞踊などという固有の文化は、畳や板の上での生活を抜きにして語ることができない。

「ちゃんとしたことをする場合には、日本人は必ず下足を脱ぐ」といわれる所以《ゆえん》。サンフランシスコのゴールデン・ゲート・ブリッジで飛び込み自殺があって出動したサンフランシスコ市警が、橋上にキチンと揃えられた靴を見て「ああ、日本人だ」といったというジョークがあるのだが、まんざら嘘ではあるまい。

家に入るときは下足を脱ぎ、素足または、足袋・靴下で室内に入ることになっていた日本人が、それでは何故、いつからスリッパというものを履くようになったのか。

スリッパなどというものは、確かにヨーロッパでは前述のヒギンズ教授のように、寝る前のくつろぐときに寝室辺りで履くものであったようだから、日本以外ではそんなに見掛けたことがない。私の知っているかぎりではモロッコなどの一部のイスラム圏で、先の尖った靴のかかとを踏み潰し、スリッパ風にして履いているのくらいしかない。

その日本で、スリッパというのがかくも一般的になったのは、もちろん一九四五年八月十五日以降つまり終戦の日からのことであった。

ご存じのように日本の家は第二次大戦の敗戦によって大きく変わった。敗戦によって日本全体がした「一億総懺悔」「アメリカ指向」の方向のなかで、家も封建的な古い形を捨てて、アメリカ型の家でアメリカ型の生活する以外日本の封建性を打破する方法はないと論じられたのだ。

玄関や畳、縁側、障子に襖、床の間に土壁という伝統的な日本の家の形を一切捨てて、私たち日本人はアメリカ型の家に住むべきだと指摘された。

アメリカ型の生活、住宅というものを知らない日本人は、まずアメリカの漫画「ブロンディ」でアメリカ型の生活とその家とを知る。電気冷蔵庫があるダイニングキッチンとか、夫婦が一緒に寝ているダブルベッドとか、家族が語り合うリビングルームなどというものを驚きとともに学んだ。少し遅れてアメリカのテレビドラマ「パパは何でも知っている」などで、その家のなかの具体的な生活も少しずつ知るようになった。

カーペットをなぜ敷く？

終戦直後建築家たちはアメリカの住宅を研究し、当時のアメリカの建築雑誌をむさぼるように読み、その傾向を必死で追い掛け、そのコピーを（とはいっても当時の貧しい日本のこと、かなり変形したものであったのだが）せっせと設計した。それまで日本の家には存在しなかったリビングルーム、夫婦専用の寝室、子供室、ダイニングキッチン、家事室などという部屋を、その使い方もよくわからないままに組み合わせ、新しいモダンリビングの模索に必死だった。そして、そうした家の形はアメリカ型の生活に憧れる一般の日本人によって急速に拡大化していった。『古事記』の時代から基本的にはほとんど変わっていなかったような日本の家にとって、それはまさに革命的な変化で、その急速な摂取の過程でいろいろな誤謬《ごびゅう》や誤解があったのは仕方ない。

そんな誤解の一つに、本題のスリッパに関するものとしてカーペットがある。

アメリカの最新住宅を（最新とは知らないで）研究した日本人たちは、その家の床一面にカーペットが敷き詰められているのを知って仰天する。カーペットなどというものは金持ちたちが天津緞通などという形で、応接間の真ん中にウヤウヤしく部分敷きすることしか知らなかったからだ。家を建てられるようになったら、床一面カーペットを敷き詰めたいと、貧しい日本人の脳にザックリとカーペット願望の傷跡がつけられ、その後何とか家が建てられるようになるにつれ、まずリビングからカーペットを敷いていくことになり、そして今住宅展示場の住宅がそうであるように、一〇〇％近い家がカーペットを敷き詰めるようになってきたのだ（流行のフローリングの話はその後）。

実はアメリカでも敷き詰めのカーペットなどはそれまで住宅には登場していなかった。戦後、民需に転向した軍需産業の一つとしての繊維産業が、その持つ大量生産システムに合う新しいターゲットとして敷き詰めのカーペット、そして壁布を発見し、新しく作り出した需要だったのである。似たような軍需産業の民需化の結果、住宅用として生み出されたものに、家電製品と空調機器があり、同じように普及していく。

それはともかく、カーペットを敷くもの、または敷きたいと考えた日本人はその家に懸命にカーペットを敷き、普及は進んだ。あらゆる人が、家でカーペットの上を歩くという習慣を身につけ始めた。そして、何かおかしいと感じ始めるようになる。

スリッパの誕生

カーペットの上を素足で歩いても、あまり気持ちがよくないことを発見する。湯上がりの身体で、畳のようにカーペットに横たわることなんかできないことにも気付く。高温多湿のこの地域では、肌はいつも汗ばんでいて、カーペットのなかに残っている小さなゴミやダニの卵が肌に付いてきてしまい気持ち悪くて仕方ないのだ。

そりゃそうだ、考えてみればカーペットというのはペルシャにしろ、トルコ、アフガンにしろ、もともと靴を履いた民族たちが、靴のまま土間の家に入るときに敷く、いってみれば靴用の敷物だったのだ。それを神州清潔の民、家の中では決して靴を履かず素足に近い状態で過ごそうという日本人が裸足で歩こうというのが間違っていた……ということになるのだが、それでカーペットをやめるかというと、一度頭に刻み込まれてしまったカーペット願望はそう簡単に消えるものではない。

そこでさすがは日本人、靴用の敷物の上を、裸足的に歩くという天才的な発想による履物としてのスリッパを発見するのである。

スリッパというのは前から見れば靴、後ろから見れば裸足そのものではないか。実は戦前から伝統的な生活しか知らなかった田舎からの徴用兵を、急速に西欧化軍隊に仕立てるために日本軍が採用していた上履という名前の軍靴のかかとの部分を切り取ったスリッパがあって、その概念とともに復活したという感覚でもあるのだが。

ということで、この天才的な発見によって我々は玄関で自分用のスリッパを履き、和室に入るときは脱ぎ、トイレに行くときはビニールのトイレ用のスリッパに履き替えるなどという複雑なことをしながら、裸足でいたいのと、カーペットを敷きたい矛盾した二つの願望を同時に満足させることに成功する。それが日本の家にスリッパというものを存在させる理由なのだ。

これをおかしいと思うことは簡単。頭からカーペット・コンプレックスを拭い捨ててしまえばよいのだ。現に我々世代と違ってアメリカ・コンプレックスの薄い若い層はカーペットに固執せず、フローリングを好んでいるではないか。高温多湿の我が国では、夏など足の裏の汗を吸ってくれるフローリングのような材料がよいに決まっている。家庭用の電気掃除機などではカーペット内のダニの卵やゴミ等は吸い出すことができず、それがハウスダストとして鼻炎などの大きな原因になっていることは医師の指摘するとおり。さア、我らはカーペットなどやめよう、そうすればスリッパなどという摩訶《まか》不思議なものを履くなどという習慣はなくなり、私たちは自由に室内を気持ちよく歩き回れる——といってみるのだが、今のところ日本人に反省の色はない。家にはカーペットを敷くもの、その上はスリッパで歩くものと思い込んでいるからである。かように家という複雑な存在の中には、日本人が勝手に心の中に抱いたイメージだけが先行し、実態とはかなりずれた部分が多いのだが、それを指摘し続けると別の本が一冊できてしまうので止める。

かくして、今の日本人が死に絶え、新しいタイプの、靴のまま室内に入るかまたは再び裸足で歩くことを好む日本人が現れるまで、スリッパという怪は存在し続けるらしい。

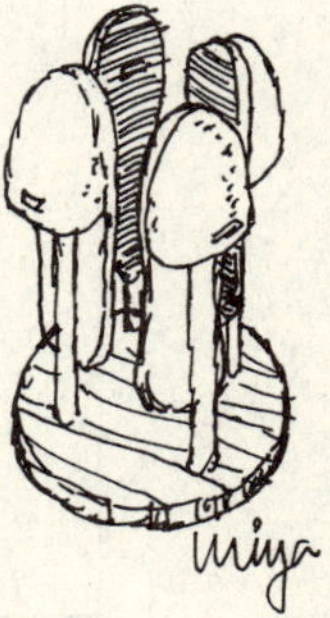

寸法の話

世界共通の瓶の太さ

「大阪名物、けつねうろんにアルサロ」

「おビールを両手で注《つ》ぐほどの純情さです」

共に一九五〇年代・大阪の地下鉄車内の、当時登場し始めたアルバイトサロンの広告であった。

その後しばらくして大阪で続々と生み出される風俗やノーパン喫茶に比べれば、まるで幼稚園のようだったこのアルバイトサロン通称アルサロは、プロでない素人娘がサービスしますという新鮮さを売り物にしていて（実際に新鮮であったかどうかは疑問だが）、その新鮮さの表現として、素人だからビールの注ぎ方も知らないのです……という表現をしてみせたのである。そのころ、仲間の女子学生に両手でビールを注がせて、お前素人なんだからなっ――とからかった記憶がある私などには懐かしい一句であるのだが。

要するに、ビールというものは片手で持って注ぐというのが基本であることを下敷きにしての惹句《じやっく》であったのだが、それならば、なぜビールは片手で注ぐのか。いやビールだけでなくお銚子もワインもウイスキーも、子供たち用のジュースに至るまで、日常的な飲み物というのは皆片手で注ぐようになっているのか。それは当然片手でグイと飲むのが一番簡単で、理にかなっているからなのだが、注目したいのはその容器類全部が自然に片手で持ちやすい寸法、重さになっているということ。

そんな点から、ヒトとモノの関係のうちの、寸法について考えてみよう。

まず酒関係からいってみるか。片手で注ぐ種類の酒の瓶は、当然片手で軽く持ち上がる重さでなければならない。測ってみる。ウイスキーでもビールでもワインでもみな重量一四〇〇グラム止まり。それより重く二〇〇〇グラムを超す一升瓶を片手でホイとサービスされるのは、山の飯場的イメージだから、一般的にはお銚子に入れ替えることになっていた。

重さだけではない、持ちやすく注ぎやすいためには片手に入る寸法でなおかつキチンと握れるものでなければならないはず。ということで、この種の容器を全部測ってみたのが工業デザイナーの秋岡芳夫さん。秋岡報告によると、昔の日本で一番日常的だった三合徳利、幕末のそば猪口、現在までのほとんどの湯飲みはすべて径二寸五分。これは洋モノであるビール、ウイスキー、ワインその他の瓶のほとんどの直径七五ミリと同じなのだという。

このように、寸法を誰が決めたわけでもないのに決まってしまっているモノはほかにもいくつかあって、例えば積みやすく施工の効率がよいということで、世界中の煉瓦《れんが》は六〇×一〇〇×二〇〇ミリということになっているし、手すりの格子のピッチは子供が落ちないようにと一三〇ミリ以下になっているはずである。

いったい、何処の誰がこの寸法を決めたのか。誰でもない、人間というものそしてその尺度が洋の東西で自然にそれを決めてしまったのである。人間尺または人体尺という。

片手で半日持ち上げては積み、持ち上げしてギリギリ耐えられる重さの煉瓦の大きさがこれであり、子供というものは頭だけかなり早く成長し、ハイハイするころには直径一四〇ミリ程度になる事実から、それを通り抜けさせないための手すりの寸法が決まったのだ。

人間尺という、人間の寸法を一つの基準、尺度としてモノを決定するシステムである。

これが寸法の基準になった。

坪か平方メートルか

まず「尺度」とか「測る」とは何だ。

測るというのは何かが大きいとか、重いとかをチェックすることなのだが、基本的には他の何かと比べてみることである。何かより重いから動かすのが大変そうだとか、大きいから入りにくいだろうという判断をするために測るという行為が発生している。

その際、比較する何かが決まっていて、誰でも知っているものであれば、他人にたいしてあれは大きいだの軽いだのという情報の伝達が簡単になる。だから、メートル法のような人々に共通する尺度の基準が定まっていなかった昔、何かと何かを比べるという尺度の性格上、何か万人が理解していて共有できる基準が欲しかった。そんな場合、誰でも考えつくのが人間そのものを基準にしてしまうことだ。

今だってしてるではありませんか。アメリカの南部あたりで巨大なかぼちゃが取れたという新聞記事に、赤毛の水着姿の美女がニッコリ笑って立っていて、その巨大さを表現しているし(あれ、なぜ赤毛なんでしょうね)、日本だって小さなICなどの生産を報じる写真には、必ず脇にそれを指している指が写っている。普通の人に比べてあれだけ大きいかぼちゃ、指と比べるとあんなに小さいICと誰でもわかるからだ。

人類の文明が進んできて人類共通の尺度が必要になって、一七九〇年、世界中の国がメートル法を批准し、地球の直径の一千万分の一を一メートルという単位に定め、その寸法の原器を提唱国フランスに保管し、そのコピーを各国が持ち帰って保管するようになった。現在私たちが日常的に使っているプラスティックなどの物差しは、日本国が保管するプラティナ製かなんかの日本の原器を、政府の許可の下に再コピーしたものであることは中学で習いましたね？

メートル法が定まったというのに、欧米諸国その他がまだフィート、インチ、ポンド、ヤードにこだわるのは（何、尺貫法を禁止し、メートル法を全面使用しているはずの日本だって、いまだに面積に関しては坪が支配的で、新聞雑誌は仕方なく地価三・三平方メートル当たりいくら……などという苦しい表現法をしているのだが）、そうした尺度というものの地域性が強いことのほかに、人体を寸法の基準とする歴史の方がメートル法などよりずっと長かったことに由来する。

人体という物差し

人間というのは例外があるにしても、成人男子なら大体一六〇センチから二メートルまでと身長は共通していると思ってよい。指の大きさなどという部分に至っては、世界の人皆ほとんど等しいといってもよいくらい。だから、誰でも知っている人間の身体の部分を、物差しの単位にしようということは、かなり昔からあらゆる民族がやってきた。

昔から使われて現在まで生き残っている人体寸法からくる基準の最もポピュラーなのは「フィート」である。ｆｅｅｔはもともとｆｏｏｔ（足）を意味していて、地面や部屋など、足の先から踵《かかと》までの寸法を基準尺として使ったもの。この部屋の大きさはと聞かれて、端から端まで踵と指先を交互に繋げながら歩いてみて、ちょうど十四回だから一四ｆｏｏｔありました……などという答え方は理解されやすかったから一般化したわけだ。

旧約聖書「創世記」でノアの方舟《はこぶね》の大きさが長さ三〇〇、幅五〇、高さ三〇キュービットと表現されたときの「キュービット」とは、そのころの大工や指し物師たちが使っていた基準尺で、台の上に置いた人間の腕の、肘から伸ばした指先までを一キュービットとしている。いかにも板を置いてその上で寸法を測る職業らしい基準である。

同じような職業上なるほどと思わせるものに、今でも布地などを測る際に使う「ヤール」がある。これは布を扱う人たちに便利な尺度で、腕の付け根から指先まで、つまり腕一本の長さを一ヤールとした。布を測るときに右手で布を左の腕の付け根に当て、そこから布をつまんで左手いっぱいに伸ばした寸法を一つの基準にしたものである。

親指の長さを基準としたインチなど、人体寸法に基準を置く尺度は世界中無数にある。十進法というのは、人間の指が十本だからであるという説もある（それなら十二進法はなぜだ、あれは親指を二度勘定したからだなどという笑い話があるが）。

日本でも昔からこの人体寸法による尺度を使ってきた。

人間工学は自衛隊から？

今も使っている長さの単位「間《けん》」は、両手を伸ばしたときの端から端までの寸法。この寸法、身長と同じになるから海などの深さを表す「尋《ひろ》」という単位にも使われる。小さな寸法だと「尺」は肘から手のひらの付け根までの寸法であり、キュービットに近い発生を物語る。それより細かくなると「束《つか》」という握ったときのこぶしの大きさの単位があり、もう一つ下の指一本分である「伏《ふせ》」と一緒に使った。『源平盛衰記』で、那須与一が屋島で扇を射ち抜いてヤンヤの喝采を浴びたときの矢が「十二束二つ伏」という長い矢であったという記述がある（余談だが、日本の艶笑談に出てくる男根の長さの表現――は、この指のかわりに雀を使ったところに面白さがあるのだが）。

こうした人間の身体の寸法を一つの基準としてモノの寸法を考えるという方法は、次に、使いやすいモノの寸法は人間の身体の寸法と関係があるのだというレベルに達する。

人間工学である。

日本では本格的な人間工学の研究は自衛隊から始まったといわれている。

初め警察予備隊として発足した自衛隊は、すべての武器や装備を米軍のお下がりからスタートしなくてはならなかった。基本の銃から始まって、居住する兵舎は米軍の駐留地宿舎を借り上げ、ジープも戦車もすべて米軍の払い下げであった。そんな自衛隊の発足当時の悩みは、こうした米軍の施設や装備に日本人兵士の身体が合わないことにあった。

例えば朝の点呼時、どの兵士も胸のあたりが濡れていることが発見される。旧軍出身の上等兵殿が顔もちゃんと洗えないのかお前たちはと烈火のごとく怒るのだが、毎朝の状況は変わらない。変わるわけはない、洗面台の高さが高すぎたのだ。

洗面台の現在の日本の基準は高さ七二〇ミリである。この寸法は現在の日本人の平均的な身長から決められていて、この寸法だと顔を洗うとき顔の高さが肘より低くなる。これより高いと、顔の方が肘より高くなって、洗面のために手のひらにためた水が手を伝わって肘まで流れ、そのまま胸や腹の部分にたれてしまうのだ。結果として、米軍用の洗面台の高さを修正しない限り、兵士たちは毎日胸の濡れた軍服で点呼に出ざるを得ないことがその結果として上等兵殿から上部に報告される。

日本人のための日本人の寸法

自衛隊上部では米軍兵舎をそのまま使用した部隊から、恥ずかしながら便所の小便器の高さが高すぎて、しかたなくブロックを小便器の前に置いて使用してよろしいかという問い合わせがきていた（これは現在でも、日本人の海外旅行者の悩みとコンプレックスの一つ。確かに身長の差はあるけれどご同輩、それだけではなくてこれは小便を床にこぼさせないようにという手法の一つとして、日本では小便器をあさがお風にして下の部分を大きくして防ぎ、ヨーロッパ各国ではできるだけ小便器を高くし、ペニス近くに持っていって散る前に処理してしまうという方法の違いだと思えばよいのだ）。

もっと直接的には、米軍の戦車を走らせてみようと思ったら、足がアクセルやブレーキに届かず、ここでも下駄をはかせたりしなくてはならないという事実が発見されていた。

アメリカ兵が楽々と投げ、爆発時にも大地に伏せなくてもよい手りゅう弾を、日本兵が投げるとそこまで遠く投げられず、伏せない限り危険だという事実や、彼らが片手で連射できるM－1ライフルを、なぜ日本人は両手でなければ撃てないのかなど、身体的な差がかなり決定的に武器などの使用法に響くことに自衛隊は気がついたのだ。

いったい日本人とアメリカ人の身体寸法や、筋肉の強さはどれだけ違うのか。それによって出てくる弊害は何で、どうすれば日本人が米軍の機器や施設をスムーズに使えるのか。その基本データとして、日本人の平均的な身体の各部の寸法を測り、その寸法に対してどれだけの寸法のモノを用意すれば使えるようになるかという自衛隊の研究が、戦後日本で始まった人間工学の走りだという。

その研究がひとわたり済んだころに、今度は日本工業規格（JIS）

によって家具や機器類などの工業生産品の規格寸法を定めることによって、生産を合理化しようということになる。かくして、日本人の平均寸法から、日本人が使うには何はどういう寸法であったら一番よいかという追究と研究が始まり、台所流しや事務用机の高さ、各種容器類の寸法などが決まり始める。

実は結局はとっくの昔に日本人たちが経験的に割り出し、採用していた寸法を、お国がもう一度計測して再確認したということだけなのだけれど。

手も足も短い日本人

十年ほど前のこと、ロンドンはジャーミン・ストリートにある有名なシャツ屋ターンブル&アッサーに行ったことがある。

いかにもイギリスらしい洒落《しゃれ》た柄のシャツがあったので頼もうとした

ら襟と袖丈の寸法を聞かれ、答えると、それじゃ襟はよいけど袖が二センチは長いよという返事。既製品は皆その組み合わせだという。直してもいいんだよというので、明日日本に帰るからと答えたら――日本人はこれだからなあ――という表情あからさまにして、ホテルの部屋の梁に朝までぶら下がってれば手が伸びるから、明日の朝おいでと馬鹿にされてしまった。

こちとらの英語がキングス・イングリッシュで「てめエ、お客様に向かって何だ、日本のデパートに出さしてやってるおまえの支店に行けば、ちゃんと日本人サイズのが山とあるからそれで済ませるワイ。何だわざわざ来てやったのに、だから大英帝国は崩壊するんだよ!」とタンカ切れるレベルではなかったので、悔しいけど店を後にする。

それからちょくちょくローマのコンドッチやミラノのモンテナポレオーネでスーツやシャツを買うようになって、そこで私の身体に合う既製品寸法のヨーロッパでいえば四八、アメリカの三八というサイズでは、すべて袖丈が長すぎるということを確認する。

紳士たるものスーツの袖口からシャツの袖部分（この袖の部分を〝リネン〟と呼ぶのをご存じだったか）を一・五センチだけ出すのが紳士の条件と、昔石津謙介さんに教え込まれている私としては、しかたなく日本に帰っては行きつけの洋服屋に無理いって詰めてもらうようにしているのだが。

男子用小便器の高さ問題同様、私の個人的問題ではなくて日本人と西欧人の身体寸法の違いという構造的な差異が基本。日米で協議してもどうしようもないうちの一つ。

けれど、西欧人と寸法の違う日本人としては、あちらさんと同じモノ使って不自由するのは困る話。輸入物の家具屋なんぞでは、デンマークでも何でも椅子の脚は勝手に二センチ短く切って売っている。そうしないと日本人のお客さん、足が床につかなくてブラブラしてしまうからなのだが、足が短いからなどとは客商売上口が裂けてもいえない。あちらでは靴を履いたまま使うし、日本はそうでないから靴のかかと部分の高さだけ短くしてありますと通常いうようにしているらしいが。

平均寸法を測ってみる

日本人に合うモノを作るためにはまず日本人の平均寸法を知らねばと、戦後、平均寸法などをちゃんと測って、それでモノの寸法をいろいろ決めるようになった。

これも江戸時代と戦後の日本人では当然また違う。戦後バターとミルクで育った世代はかなり欧米人に近づいているので、一九七〇年代のデータを取り上げてみる。

まず日本人成人男子の平均身長は一六五一ミリ、アメリカ人平均より一〇〇ミリほど低い。したがって目の高さも一〇〇ミリほど低くて男子で一五四〇ミリ、女子で一四三一ミリ。この平均寸法で決定されるモノの寸法は具体的には何か。

　下を歩けないような天井があってはならないから天井の高さは少なくとも一七〇〇ミリはほしい……などという直接的なことではなくて、天井は建築基準法で二一〇〇ミリ以下にはしないことになっている。これも実は日本人が手を伸ばしたときの平均の高さ二一〇〇ミリが基準になっていて、手を伸ばしたら触れるような低い天井はいやだねという心情的な部分で決められているのだが。

　のぞかれたくないための塀の高さを基本的に五尺、つまり一五〇〇ミリ以上にするという庭師や植木屋の約束ごとは、背の高い男の目の高さを基準にしている。

　洗面所の流し上部の鏡は、特別の指示がなければガラス屋が自動的に鏡の中心高一四〇〇ミリで取りつけて帰っていく。日本人の成人女子の目高に合わせているのである。この場合塀と違って背の高い男の寸法に合わせたら、女には高すぎて化粧する度に跳び上がらねばならぬ（というのはいささかオーバーだが)、低めの鏡なら男が一寸かがめばよいのだから――というフェミニズムがそこにはある。

男女の目高が一四〇〇ミリから一五〇〇ミリにあるとしたら、読んでほしい情報はこの高さ中心に配置されなくてはならない。町に出て看板の表示を見ると、この高さ帯に一番多く表示や文字が集まっていること、これより外れると読みにくいから文字が大きくなることに気がつく。実際には人間の目線は水平より少し下向く傾向があるので、これより下の辺りに表示類は集中しているとか、人が多い場所では陰に隠れてしまうので当然背高より上に大きめに表示してあるとかの応用がされていることは町に出て都市探偵団風に観察すればすぐにわかること。

立ち居振る舞いも決める寸法

目の高さでも、椅子に座ったときや、畳に直接座ったときでは当然、大きく違う。

椅子に座った日本人の目高は一二四二ミリ、和室で畳に座ったときは八八五ミリしかない。

ちゃんとした割烹、または寿司屋のカウンターの向こうの調理側の床が三〇〇ミリ低く作ってあるのをご存じだったか。立った調理師と座った客の目高の差三〇〇ミリをここで吸収して、決して調理師が客を上から見下ろした感じにならないようにしてあるのだ。もっとも一部の天ぷら屋などには客見下ろすのが快感みたいな店もあって、そんな店ではこんな配慮していないが（私が決して行かない店）。バーのようにちゃんと座る必要もない場合には、椅子をスツールのように高くしてバーテンダーと客の顔が同じ高さになっているのはご承知の通り。

畳に座る場合の目高の八八五ミリというのは、立ったときより六五〇ミリも低いのだから、これはもう決定的。座った相手に失礼ないように給仕する側が、ふすま開けるときから腰を落とし、中腰にする作法が生まれてくる所以《ゆえん》。

私たちの世界でいうと、和風の室内に案内されたら必ず座って室内を眺め、批評なり感想を述べることになっている。和室というのは、窓にしろその腰の高さ、天井や床の間の見え方、飾り物の位置、すべて座った人の目の高さを意識して作られているのだから、立って見たのではその真髄がわからないし、作った人に失礼だからである。

ついでにいうと、日本の室内にかけられた絵や掛け物の位置は共通して皆高すぎる。理由はかける位置を決めるときに立った高さで位置を判断するからだ。その絵をゆっくり鑑賞する人は、椅子に座った人であることをお忘れなく。和室はいうに及ばず。

へその高さ九二〇ミリ。

そんな寸法もかなり重要。へそというのは大ざっぱにいって人間の重心。体重六〇キロの方なら、その高さ九二〇ミリを中心にして人は行動していることになる。ある年齢以上になって一寸高いところに上がるときや、座った姿勢から立ち上がるときについ出てしまうあのドッコイショという声は、六〇キロの体重を何十センチか持ち上げるための、労働のかけ声なのだ。

決して老化現象の現れだと思わなくてよいのですぞ。

大きければよいわけではない

へその高さはもっと決定的な重要な寸法を決定する基準になっている。

日本の建築基準法では、落下の恐れのある部分——つまりビルの屋上とかバルコニーの手すりの高さを一一〇〇ミリと規定している。これは人の体重の重心が九二〇ミリにあるのだから、それより安全を見て一〇〇ミリ以上高いところに手すりがある限り、普通では人はそれを乗り越えて落ちることはないという発想から来ている。

どんなにへべれけに酔っ払っていても、これを乗り越えて落ちてしまうということはないのだから、これを越えて人が落ちたとすると、そこにはかなり強い第三者の殺意等が働いた殺人事件か、さもなくば自らの意志によるよじ登っての自殺かしかないのだから、警察さんよろしくお願い致しますという建設省側からの意思表示がそこにある。

椅子に座って足を伸ばしたときの長さは九四〇ミリ、JALの国内線の椅子のピッチは八六〇ミリであると聞けば、道理でいつも飛行機に乗るとき窮屈だという理由がわかる。国際線のエコノミークラス（ほら、私たちが団体でいつも乗らされているあのシートですよ）だと足の長さと同じ九四〇ミリにしてあるけれど、椅子の背の厚さなど引かれるから、ご存じのように足を伸ばせば前の席の下に大きく突っ込まれることになっていて、十二時間も乗ってさあ着陸ということになると、脱いでおいた靴がどこかに見えなくなってかがみ込んで騒ぐことになるのも皆さん体験済み。

何、いつもビジネスクラスだ？　結構でございます。それなら椅子の間隔はちょうど一〇〇ミリ、足を伸ばす余裕はあるし、窓際の客だって夜中にトイレに行くとき隣の客起こさなくて行ける。座った瞬間にウエルカムシャンペンが出るという喜びもさることながら、これが小便が近くなる年になると、ビジネスクラスで旅したい理由。

あまりご存じないでしょうが（失礼、私のことをいっている）、同じJALのファーストクラスの場合、この寸法は一挙に一四八〇ミリに跳ね上がる。生まれて初めてファーストクラスに乗せていただいて、ベルト締めたままいつものエコノミーの癖で前の背のポケットに入れておいた眼鏡取ろうと思ったら届かなかった嬉しい驚きを思い出す。

椅子の幅から肱や背の厚さに至るまでのあの寸法の豊かさからいえば、団体エコノミーの四倍近い値段は当たり前という実感。

小さければ笑いもの

椅子関係の寸法でいえば、日本人成人男子の腰幅平均寸法が三三七ミリ、肩幅が四〇〇ミリちょうどで、これでJR等の電車のロングシート一人当たりの寸法三六〇ミリが決まっている。三六〇ミリの一人分の幅では四〇〇ミリある普通新聞の朝刊などゆっくり開いて読めないからということで、いっぱいに広げても三五〇ミリ、まだ一〇ミリ余裕があるというタブロイド判の夕刊紙が考え出された。長い通勤の間に今日の話題ニュースからエロ小説まで、ジックリ読まねばならないサラリーマン諸氏に受けて以後この判型が定着していることも、夜の電車に乗ってみれば一目でわかること。

乗車時間の長い新幹線では、肩幅四〇〇ミリの日本人が肘つき合わせぬように椅子の肘間隔を四五〇ミリにした。昔、侍たちが肩が触れたのをきっかけに喧嘩口論した歴史を知っている人が、この寸法を決めたに違いない。でもこれだけの寸法があるお陰で、新幹線内で書類マーカーでなぞって会議の準備しようなどというサラリーマンは仕事がしやすくなった。ひざ上に載せて机代わりにするアタッシェケースの寸法は、基本的に四四〇ミリくらいで、肘の内側に納まってくれるものが売れている。

肩幅が他に決めるものには、最小限の扉の幅と洋服箪笥《だんす》の奥行き寸法がある。

わが業界で通称一二一三という一番小さいユニットバス（奥行き一二〇〇ミリ、幅一三〇〇ミリ、その中にまさに便器と洗面台、かさ立てほどの浴槽が重なり合って詰め込まれている奴）などの扉はできるだけ小さくしたい。かといって小さすぎて斜めでなければ入れないというのでは、買った客の劣等感をあおりたてるだけではないか。せめて、胸張って堂々と入れる幅の最小限ということで、普通なら八〇〇ミリから七五〇ミリという扉幅の中で、かろうじて四五〇ミリを確保している。

肩幅四〇〇ミリなのだから、これ以上小さくできないということで洋服箪笥の奥行きも決まってくる。ハンガーの幅つまり長さは当然肩幅と同じ寸法。ここに洋服かけると垂れた袖の肘の部分が縫製上そうなっているのだが、ふくらんで六〇〇ミリぐらいになる。横着して奥行き五〇〇ミリなどの箪笥に服吊っておくと袖が寄せられて扉に押さえつけられ、毎朝出勤間際に袖に縦一本しわが寄っていることを発見し、毎朝出がけのアイロンかけ騒動が巻き起こるからご注意を。

椅子を選ぶ

何故チェアマン？

近ごろ、若い者たちの間で五〇年代の椅子を買うのが流行っているのをご存じだろうか。

きっかけはアメリカのチャールズ・イームズの椅子を扱う店が、なぜか二、三店ドドッとできてきたしで、それ以外の若者向きの家具屋や、無印良品その他でも椅子は商品として大きく扱われ始めている。

それに対して中年以上の日本の男性はいぜんとして椅子に興味を持たない。理由は簡単、幼いころからの歴史の中で、日本の中年男性が最初椅子に触れたのは決して自分の家の中ではなく、学校の椅子が最初であり、会社のが一番長いからである。彼らにとっての椅子とはまず会社の椅子、地位の象徴として係長になるとアーム付とか、部長クラスだとロッキング機能付とかいう程度の興味しかなかった。椅子というもの、本家である西欧諸国でも本来権力の象徴として発生している。王や元首だけが椅子に座れた時代はずいぶん長かった。ルイ王朝のサロンの時代になって権力者や貴族の休息用の椅子が出現しても、それに座ることを許されたのは特別に恩寵の深い愛人などだけであった。チェアマンというのは偉い人のことだし、大統領の椅子とか社長の椅子とかいういい方でご存じの通り。

続いて登場するのは労働者用の作業用の椅子である。作業の疲労を減らし効率よく働かせるためのものであったから、産業革命以降急速にその数を増やし、普及していく。

最後に登場するのが事務や商業における執務や食事や休息用の椅子であり、それが次第に家庭に入ってきて、椅子の時代が始まるというのが西欧の椅子の普及の歴史であった。

日本でも同様に権力者が座った曲彔《きょくろく》などがあったのだが、産業社会の発生が遅く農業が主要産業であったために椅子は普及せず、家屋の形式からも床座が一般的な座り方であった。明治になっての富国強兵政策でまず教育施設、産業としての工場、事務、軍隊という形で椅子が採用されてくる。日本人は、まず会社や役所ではじめて椅子に座ったのだ。

その流れの中ではかなり遅くまで住宅の中に椅子は入ってこなかったのだから、中高年にとって、椅子への馴染みが薄いのは当然。

ソファに座ってます？

日本の住宅に椅子が入ってきたのは一部の特権階級の応接室、続いて子どもの勉強机とセットされてであった。

家族が食事をするための椅子式の食卓が普及するのは、一九五五年に発足した住宅公団がダイニングキッチンという椅子でなければ食事ができないような部屋を作ってからのこと。ましてやソファや安楽椅子などが一般に普及するにはつい最近の七〇年代万博以降を待たねばならなかったのだ。

つまり、私たち日本人が、会社が買ってくれる事務用の椅子ではなく、自分が使うために自分で椅子を買うようになってたった二十年程度しかたっていないのである。中高年にとって、人生の後半に入ってきた椅子なのだから慣れていないのは当然といえる。

例えばあなたは自分が会社で使っている椅子、応接室にある椅子のメーカー名を知っているか。総務課か購買部の人でない限りまず知るまい。ボールペンやときには鉛筆さえメーカーにこだわる人がいるというのに、八時間以上も座るのに椅子はこんな風にしか扱われていない。ましてや、わが家の椅子にいたっては、どこで、いつ買ったかすらも忘れてしまっているに違いない。

その上、日本の大人たちは、家でもあまり椅子に座らないのだ。朝飯を椅子に座ってというのはさすがにかなり普通の姿になっているが、断固夕食は座卓でという家族もまだまだ多いはず。ましてや、休息用の椅子などということになると、ソファの急速な普及は八〇年代に入ってからなのだから、たとえ普及しているとしても、どう使われているか。

例えば、会社の応接間の使用マニュアルにあるとおり、ソファというのは来客用のものと頭に刷り込まれていて、自分が座るものだと思っていない。デパートの家具売場の報告によると、食卓と椅子はデザインでお買いになりますが、ソファに関しては値段でお買いになる方が多いという。つまり、客が座るんだから安いのでいいよということらしい。

だから日本の住宅におけるお父さんたちの座り方の大部分は、ソファの前の床に座布団敷いて座り込み、それにもたれてテレビ見ているという形のはず。ほんとうはソファというのは酒飲んで酔っぱらいひっくり返りながらテレビを見るためにあるのだが。

これでは椅子に愛着がわくはずもないのは仕方ないこと。

日本の家に椅子が入ったとき

さあ椅子を買おうと男が思ったり、いい出したりしたって、椅子に関しての知識がないこと、女がひげそりのこと知らないくらい無知である。無知であることとは、つまり関心がないことなのだが、関心がないのは椅子に座る時間、もっといえば家にいる時間が少ないことにあるのだとも、何度もいってきた。だからそれについてしつこくはいうまい。けれども、どんなに家にいる時間が少ない男でも、家で椅子に座る機会がないわけはなく、一般的にもっとも多く使うのは食事用椅子であるはず。そこでまず食事用椅子を買うことから始める。

日本の住宅で食事の場がいち早く椅子式になったのは、いうまでもなく公団住宅が口火を切ったダイニングキッチンの普及からである。このダイニングキッチン、本家アメリカのファミリールームともいっている広いゆったりとしたものとまったく違う小さな形からスタートした。理由は公団住宅の初期のあの三三平方メートル（十坪）程度の広さでは食事専用の部屋を作る余裕などなく、仕方なく台所を少し大きめに作ってそこに椅子とテーブルを置いて食事をさせることにしたからである。

台所の大きさは四畳半強。今、普通の家の台所というと大体六畳というのが平均だから、いかに狭いかがわかるだろう。ちなみにこのダイニングキッチン以外の部屋といえば六畳と四畳半の二つの和室だけ。そこに多分五人平均の家族が住んでいた……なんていう時代があったの覚えてますね、諸君。

部屋そのものが狭いのだから、そこに置く食卓セットも当然小さくなる。それにまだ日本は貧しかった。高価で立派な食卓が買える時代ではない。それにその前までは茶の間で、ちゃぶ台などという板に脚がついた程度の食卓と座布団で食事をしていたのだ。どんなセットを買ったらよいかもわからない。当時一番多かった買い方は、公団住宅引っ越しの日、団地の入り口近くの路上で売っていて、家まで運んでくれる安売りの食卓五点セットではなかったか。窓の大きさに仕立ててあるカーテンとともに。かくして、引っ越し翌日の各戸の窓に、同じ柄と色のカーテンが翻《ひるがえ》るという風景が見られたのだが……(閑話休題)。

その椅子すら買えなくて子どもの勉強椅子持ち出したり、空き箱に座ってそそくさと食事を済ませた人たちが大勢いたくらいだから、食卓は小さくデコラ貼り、椅子ももちろん小さくビニールクロス張り、脚は鉄棒製というのがもっとも標準的だった。奥行き四〇センチ、幅三〇センチ、脚の長さが揃っていなくて一本の脚の下に調節用に木片が敷いてあったという状況からスタートした宿命を持つ椅子である。今日までその小ささやお粗末さはあとを引いている気配がある。

外国の標準の食事用椅子を参考にしたことにも遠因がある。「建築設計資料集成」などという、下は針から上は棒ならぬジャンボジェット機

まで世の中のほとんどのものの寸法が記載されている字引のような本がある。その本で食事用椅子の項を引くと、大体ほとんど奥行き五〇センチ、幅四五センチくらいとある。これがヨーロッパを中心とした国際的な基準らしいということもあって、食事用椅子はそれほど大きくなくてよいと思われているらしいが、ここに食卓というのは食事専用の卓子《テーブル》で、食卓の椅子は食事にしか使わないかという点を考えなくてはならない。

食卓椅子は多目的

西欧諸国と日本の食事周辺の大きな違いは、あちらさんは食事が終わると、一斉に居間なり昔なら喫茶室に移ってコーヒーや酒を飲む、つまり食事室は食事専用の部屋で食事が終わったら用なしの部屋だし、食事用椅子も同様。つまり食事用椅子は食事専用の椅子なのだから、多少小さめで堅くてもよいのだ。

それに対して日本人が、食事が終わったら一斉にリビングに移り、お父さんはブランデーでお母さんは紅茶、子どもたちはケーキにジュースなどという切り替えをしない。茶の間がそのまま食後の団らんの場になり、ちゃぶ台をかたづければそのまま寝室になってしまうという融通無碍《ゆうづうむげ》な使い方の伝統を持っていた日本人はそんな面倒なことはしない。

夕方遅く帰ってきた日本の夫は、家に入ってくるなりネクタイをとりながら居間を横断し、夏ならワイシャツとズボンを脱ぎ捨て椅子の背にかけ、「ビール！」といいながら新聞を開き、テレビつけながら食事をし、起きている子どもや家族と話をし、また酒とテレビの続きを見ているうちにそのまま食卓の上でうつらうつらというのが普通ではなかったか。いや恥じたり隠したりすることない、実はかなりの家でこうした光景が見られる。父親も母親も、食卓の前に長いときには四時間も座っているという統計もあるくらいだ。

つまり、わが国の食事用椅子は決して食事専用の椅子ではないのだ。食事、団らん、新聞（このときはあぐらが多いという）、酒、うたた寝等多用の椅子なのだ。となれば、この椅子は西欧で標準といわれるものより少し幅も奥行きも大きく（あぐらがかけるのが基準）、堅さも少し柔らかめなもの。主婦用の食事用椅子は、主婦が横に抜けて立ったり座ったりするからアームは不要だが、男はうたた寝で落ちないようにアームが絶対必要。何たって、その方がお父さんの椅子に見えるではないか。アームは男にとって気持ちよいためのもの以外の何物でもない。

ちなみに私のお勧めはデンマークのハンス・ウエグナー設計のＹチェア、幅五五センチ、奥行き五〇センチで、日本のベストセラーであるが世界でも売れに売れている椅子。ゆったり飯を喰い、そのままそこで団らんしたい貴方のために。

この手の食事用椅子は単なる食事用椅子だけでなく、読書用、仕事用にも使えるからとにかく自分用に一脚買ってしまうことをお勧め。ちなみに値段は五万八千円くらい。

お父さんの椅子

日本のお父さんは家に自分の場所を持っていない。昼間会社に逃げたお父さんたちは、その代償として家を女房に明け渡し、結果として家を丸ごと女のものにしてしまった。そして家に居場所がなくなってしまったのである。

あるとき、テレビ番組で韓国と日本のお父さんの日曜日の夜八時——ということはもちろん家の中の居場所について——の番組を作ってみた。数百人の両国のお父さんがいる場所を比較しやすいようにそれぞれの国の代表的な団地の間取りの上に落としてみて驚いた。韓国のお父さんは、皆ほとんど同じ場所にいて、そこは真っ黒の点が集中するのである。ダイニングキッチンの食卓の、流しから一番遠い椅子が韓国のお父さんの場所であった。

それに対して、日本のお父さんは特定の場所に点が集中しない。お風呂場から、寝室、居間の片隅、中には流しの前で皿を洗っているお父さんもいた。家中のいたるところに均等に分布しているのである。逆にいい換えれば、お父さんの場所が特定されていない——つまり居場所がないのである。これはちょっと恥ずかしいことではないか。

そこで私からの提案は、お父さんも家の中に自分の場所を持ってくださいというお願いであり、そのために特に専用の部屋を持たなくても（昔の韓国や日本ではお父さんたちは女を入れない専用の部屋を持っていたのだが）、椅子を持つだけで可能なのだという話。

つまり、お父さんという人が家で権力者でありたいと思うのなら（思っていない人はこのあと読まなくてよし）、その権力を表示すべき椅子を持つべきだという提案である。

お父さん専用の椅子を買おう。そのために椅子のことをもっと知ろうという話。

その椅子は堂々としていて、大きく、できたら革張りで、家中で一番高い椅子でなければならない。もう一つデーンと置いたその椅子はお父さん以外に使わせない、使ってはならないというルールを確立すること。つまりこれはお父さんの玉座なのだ。

もちろん、現代の住宅に本物の玉座が置けるはずはない。それはテレビ見ながらうたた寝する安楽椅子であったり、食事中威厳を持って子どもたちに訓辞を述べるための椅子であったり、または最近始めたパソコン用のなどという趣味の椅子でも、またはやむをえないことながらうるさい女房子どもから身を隠して自我の世界に逃げ込むためのハイバックチェアでもよい。

王者のアームチェア

さて、食事が終わったらもっと大きくゆったりとした椅子に深々と沈み込んで、ウイスキーなめながらテレビの深夜番組や、推理小説をなどという方にはもちろん食事用椅子では無理。やはりそれにはそれ専用の椅子を買っていただかなくてはならない。

いわゆる安楽椅子というやつである。食事用椅子に比べてはるかに大きく、低い。身体をゆったりと受けとめてくれながら、どこかに芯があってデレデレと柔らかいわけではない。できたらロッキングと回転機構が組み込まれている、ハイバックという背が普通の椅子より高くなっているやつがよい。女房が例によってわけがわからぬ愚痴をいい始めたら、くるりと後ろを向いてしまえば声はほとんど聞こえなくなり、ハイバックだから仮に何か物を投げられるような事態になってもびくともしないでよいという点、まさに防備に強く攻撃に強い男そのものの椅子。もちろんこの手の安楽椅子、革張りにしたい。英国の紳士方が、ロンドンの自分のクラブの読書室で、深々と身体を埋め、新聞の間から葉巻の煙を吐き出しているあの雰囲気がほしいのですよ。

オットマンという足のせ台がセットになっているのがあれば最高。私はこの種の椅子に食後移って、テレビ見ながらうたた寝をしては風邪をひく――という毎晩を過ごしているのだが、この快適さはやめられぬ。二十年も使い込むと座や背は私の体形そのままにくぼんでいてまさにすっぽりと包み込んでくれ、アームの先の革は私の親指と人差し指のあたる部分がほぐれている。これぞまさに私の椅子という愛着がわいて来るではないか。

問題はこの手の椅子、大きいから日本の小さい部屋では邪魔にされたり置きにくかったりすること、そして値段。置くのが邪魔だけで機嫌の悪かった奥さんが、値段を聞いたら怒り狂うに違いないのを買わないと意味がないというのが、この手の椅子の悲しい宿命。

いくらかっていうとまあ最低十万円以上、世界的に安楽椅子として評価の定まっているものなら五十万円程度と考えていただきたい。玉座なのだ、仕方ないではないか。

私の愛用の椅子も五十万円近かった。息子にそんな高いのに走らないの？と聞かれた。小型の自動車なら買える値段だったのだ。今は車の方がはるかに高くなってしまったけれど。

名作を買う

世界の名作というと皆さん怖じ気付く。ましてや、あのニューヨークの近代美術館（通称MoMA）の永久収蔵品ですがなどといわれれば、そんなもの買えるはずがないではないかとお思いになるだろう。私の娘が大学時代初めてニューヨークから帰ってきたとき、「ねえねえ、うちの椅子ってみんなMoMAにあるのね！」と、それまで洗濯物を取り込むときなどに使っていた椅子を、急にうやうやしく見始めたのを思い出す。

確かにカイロの国立博物館にある象牙と金のツタンカーメンの椅子とか、オルセー美術館にあるルイ何世かの椅子などという代物はまさに世界の名作で、買うことなどは不可能。その意味ではモナ・リザやミロのヴィーナスと同じ。

けれど、椅子、特に近代の椅子は美術品ではあるが、基本的には工業製品。工業製品の嬉しいことは、よいものであれば長い間生産され続けているんですね。つまり、十九世紀末から二十世紀初めにデザインされた椅子が今日でも買えるのだ。それも骨董品やオークションなどという形でなくて、新品で、ちょっとした店に行くだけの手間。

この椅子を持っていて日常に使ったりしていたら、「おっ、この人かなりの人だな」と評価されるに違いなく、それでいて日本ですぐ（商品によっては現在日本に向かっております、一月お待ちくださいというのもあるが）買えるいくつかをご紹介しよう。

「日本に向かっている」といった。輸入物という意味である。大変申し訳ないのだが、世界の名作椅子と呼ばれるもののほとんどは日本製ではない。理由は何といっても歴史の違い。ツタンカーメンの時代から椅子などというものがあって、フランス革命以後家庭に安楽椅子が普及していて、椅子が大事な遺産として祖父から父へ、父から息子へと伝えられていった歴史を持つヨーロッパ。使いながら洗練され、人々の選択眼も厳しくなり、技術も研ぎ澄まされていったこの世界に対して、日本は公式に椅子が使用されるのは明治以降。家庭にソファなどの椅子が普及し始めるのは実に一九七〇年以降、たった二十数年程度しか歴史を持たない国。今だって、田舎に行けば子どもの勉強椅子とダイニング以外椅子がないなんて家がざらにある国である。知識も習慣もないから買い方、選び方も知らず、売る方もいい加減なもの作っていい加減に売ることがまかり通っても仕方なく、そのために世界に通用する名作というのは少ない。

イームズとコルビュジェ

日本のデザイナーでニューヨークの近代美術館に選ばれる名作をものにした人は何人もいて、それらの椅子のいくつかは今日の日本で買えるが、食卓椅子に関しては、ハンス・ウエグナーのYチェアをご推薦する。値段が……という方と、部屋が狭くてという方には同じデンマークのヤコブセンがデザインしたセブンチェアはいかがか。ベニヤを曲げただけのものだが強く美しく、積み重ねができるから部屋の隅に積んでおいてもよい——その姿もまた美麗。店によって値段は違うが、一脚二万円台で北欧の名作に座れれば安いものではないか。

本命のお父さんの玉座を選ぼう。これは世界のエグゼクティブが欲しがるから名作がずらりと並ぶ。大理石の床に合うもの、アメリカのモダン・オフィス向きなものなどいろいろ。この椅子に座ってパイプなどくゆらしながら（浴衣掛けで焼酎飲んでという方は少し似合わない）客に会えば、客が基本的に尊敬してくれる、または貴方は玉座に座った心地がし、なおかつ良いのは滅茶苦茶座り心地がよいという（ただし高いぞ）椅子をいくつかご紹介。

まずは私が毎日座っていて、私が保証しますという二点。

最初は椅子の天才的デザイナー、チャールズ・イームズのラウンジチェア。イームズが映画監督ビリー・ワイルダーのためにデザインしたとか、一時雑誌『プレイボーイ』のグラビアによく登場したからプレイボーイチェアと呼ばれるとか、とかく話題の多い椅子。四十年前のデザインだがいささかの古さも見せない。全体は厚い成形合板と羽毛入りの革クッション。足を載せるオットマンが付いて今は四十万円台くらい。多分貴方が死んで息子にゆずり、息子が孫にゆずり、三代使ったころに一部革張り直してまた三十年くらい使えると思えば、この値段高いか安いか。

座り心地については、私は自宅での食後ただちにこの椅子に移り、座ったらもう寝室に移動するまでほとんど立たず、そこで酒を飲み、テレビを見、本を読み、ほとんどの場合はすやすやとうたた寝をし、という毎日を過ごしていることからご想像いただければよい。

もう一つ。これはフランスの巨匠コルビュジェによるグラン・コンフォールと呼ばれる文字通りの安楽椅子。このクロームメッキのパイプに革張りという端正な形は、イームズよりはるかにフォーマルだから、私は書斎であるスタディオの玉座として使っていて、客と帝王風に対面するときに使っている。とはいうものの、決して玉座風な堅苦しい座り心地ではなくて、厚いクッションはルーズで柔らかく、この上であぐらをかいたり横座りしても自由自在。難しい客が帰ってホッとしたときなど、一方のアームに頭、もう一方に足載っけて完全な横座りで強い酒一杯などということが気楽にできる椅子なのだ。これも四十万円台。

正直なことをいうと、この二作かなりの名作であってほんとうにこの椅子に座っていればロックフェラーが客に来たってびくともしない格なのだが、その格調の高さ故にまず置く部屋としてはこの椅子一脚あたりに八畳間くらいの広さが要る。それもできたら床はペルシャ絨毯《じゅうたん》か石張り、壁はコンクリート打ち放しか無垢《むく》の鏡板張りか。部屋にも座る人の服にまである程度の格調を要求するという嫌な椅子でもある。だから、安マンションの六畳のダイニングキッチンなどという部屋に置いては、掃き溜めに鶴、椅子に対して失礼という感じになるのは仕方ない。

でも、それでも欲しい!! という気にさせてしまう魅力があるのが、そこが世界の名作のゆえんである。

大型座布団・マレンコ

大きくて高価すぎてそんなもの買えるはずないという方には、日本人向きのお薦め品をご紹介しようか。これも家具の名作を生み出し続けるスウェーデンのマトソンが特に日本向けにデザインしたので、寸法も小振り、脚が畳の上に置けるように成形合板で水平にできている。オットマンも付いて九万円台くらいという前二者に比べれば嬉しくなるお値段。私は持っていないが、よく行く知人の家にあって、酔っぱらってこの椅子で寝込んでしまったことが何度もあるので、座り心地については保証できる。

この酔っぱらって寝られるというのは家庭用のソファの絶対条件。だから、まずのびのびと足伸ばし頭を椅子のアームに載せ、ごろごろ体位を変えながら自由奔放にひっくり返っていられるかどうかが選択の基準になる。そういう意味では、汗がべたつくビニールレザー張りで、アームが木製、背にレースが掛けてあって……などという日本の応接間風洋室にある典型的なのは落第。あれは安物接客用でしかない。だから、おたくでは客以外誰もあれに座らないでしょ?

ソファにも名作数々あるけれど、このソファだけで有名になってこれ以外さしたる作品がないマレンコという人がデザインした、マレンコというソファがある。

これは一見大型座布団を縦横につなぎ合わせた形(事実大きく厚い布張りのクッションを四枚重ね合わせただけなのだ)をしている。システム家具なので連結して一人、二人から三人、L型に曲げて五人、六人用といくつでも大きく伸ばすことができるが、実はこの椅子一脚でも幅一メートル以上あって、私が初めて買ったときそれまで部屋にあった椅子二脚をかたづけないと入らなかったほど大きい。だからソファは二人掛けで十分足が伸ばせて寝られるから、それで我慢すること。相手によるが二人で寝てテレビを見られることも実験済み。

この椅子のお薦め理由は見た目がクッションである通り、全部柔らかいからどんな形で寝ても堅い部分に当たらないこと。酔って倒れ込んでも絶対大丈夫。いろいろな柄の布カバーがジッパーで取り外せるようになっていて、汚れたら洗ったり、取り替えたりできるところも好感が持てる。私はヌードと呼ばれている、何もカバーしていないのが好き。これは二人掛けで三十万円台。最低十畳の部屋が欲しい。

第三章

旅で学ぶ

鍋の地域差

日本の鍋――北海道・東北

冬になる。木枯らしが冷たくなり始める。こういう季節の夕方になると、コートの襟を立て早足に歩く我らの頭に浮かぶのは、湯気がパーッと上がっている鍋のことばかり。

東京在住の私の場合でいえば、まず銀座はやす幸の白木のカウンター、目の前の銅鍋からとりあえず豆腐と若布《わかめ》と芋をもらいながら、白子はもういったかなと壁のお品書きを眺めあげるとき、深川の伊せ喜の奥の小座敷にいれ込みで通され、あの薄い鍋の上の丸煮のどじょうがフツフツと煮上がってくるのを待っているとき、浅草の米久か、かちどき橋脇の天竹の、どれも大部屋いっぱいに詰まった客たちの間から一斉に立ち上っている湯気の雲かき分けて奥に通されるとき……などなど考えるだけでもうつばきが溢れてくる。

地方別でいってみれば、まず北海道からは当然鮭が主題の石狩鍋と三平汁。前者が味噌仕立てで後者はこぶと塩味。秋田はきりたんぽとしょっつる。きりたんぽは当然比内鶏《ひないどり》と舞茸と、新米を炊いて作って囲炉裏で焼いたたんぽの三点が決め手。普通の鶏や工場製のたんぽとではきりたんぽと現地の人はいわなかった。秋田名物はたはたを帆立貝を鍋にして塩汁《しょっつる》で炊くのがしょっつる。塩汁は東南アジアあたりのニョクマムと同じ、男鹿半島の料亭でしてくれる桶の中に焼き石を放り込んで作る鍋（厳密には桶というべきか）と共に、アジアの古い食文化を思わせるもの。

山形へ来ればもうこれは当然河原で皆集まってワイワイやる芋こ鍋。秋の収穫である里芋中心にしいたけだの、茸類、白菜、春菊と野のもの豊富に入れ、最近は牛肉をのせて最後にはおじやに。同じ秋には茸中心の、春にはゼンマイやわらびの山菜鍋も山形の名物。有名な出羽屋に行ければいうことないが、なに裏のおばさんが採ってきてくれた山菜だって、季節のものは鼻につき通る香りがして何入れても旨いはず。

新潟ののっぺい汁も忘れてはならない。だしを貝柱で取るというのが特徴で、里芋以下たけのこからにんじん、くわい、百合根、こんにゃく、鶏肉、貝柱、鮭と皆さいころに切って煮上げたものを冷やしてイクラのせて喰うともういくらも喰えるというだじゃれ。

日本の鍋――関東・東京

あんこう鍋も水戸の冬の風物詩。台所に吊り下げられたプヨプヨしたあんこうの肉を切り取り、野菜や焼き豆腐などと一緒に煮込んで味がしみ込んだころ食べると、いくらでも酒が飲めてしまうのが欠点。あんこうが売り物の神田須田町のいせ源は、冬になると毎日夕方行列ができるので有名である。

東京となればもう日本中の鍋が集まっているけれど、関西で関東だきというくらいまずはおでん。私好みのやす幸のは実は大阪のたこ梅の影響受けた関西風の薄め。関東風の少し濃い味ということになれば、近くのお多幸。労働者の喰い物だったというおでんの濃い味が残っている。

関東ならではという味がするのはどじょう鍋。腹に子を持つ五、六、七の三カ月、新ごぼうと一緒に煮て溶き卵でまとめた柳川が有名。もちろん九州の柳川にはない（柳川では鍋ではないが豊富なうなぎを蒸したせいろうが絶品）。私が好きな伊せ喜の「どぜう」は小さめなどじょうを酒で殺したものを、ねぎと薄味のたれだけで煮る鍋。追加を頼んで新しいどじょうが皿ごとスルッとはいってくる状況を、故荻昌弘さんは色っぽいと表現したのだが、まさにその感じであることをご報告。

馬を喰うのは諏訪と熊本というけれど、それはどちらかというと馬刺や焼き物がメイン。馬を鍋で煮て喰おうということになれば、それはもう吉原は大門前の中江のさくら鍋。我らが先人たちがいざ吉原へと出陣前に、ここで精力つけたゆかりの店である。東京ならもうひとつ忘れてはならないのはちゃんこ鍋。若も貴も朝から何も食べないでの激しい稽古が終わった十一時ころ、幕下たちがでかい鍋にそれこそ何もかも放り込んだという感じのこの鍋を食べ、終わってドカッと寝て体重をつけてきたのだ。魚を使ったちり鍋風から肉が入ったすき焼き風、鶏のそっぷ煮などというぜいたく鍋もあって、それをまあ喰うわ喰うわ。あれだけ喰えばあれだけ太るの当たり前という感じの鍋。

江戸の侍が左遷されるのは甲府勤番。その甲府で江戸を思いながら食べたに違いないのがもともとは百姓の野良の喰い物であったほうとう。だしに野菜各種放り込み、柔らかく煮えたら味噌とうどんを入れて白菜を加えたり加えなかったりして、フウフウいって食べる鍋。今でも山梨の名物料理の地位を譲らない。静岡や伊豆の猪鍋も有名だがこれは日本全国、私の好みとしては丹波のが野趣があって旨いと思った記憶がある。

日本の鍋——中部・関西

名古屋は名古屋コーチンの名所だが一時絶滅、その後数軒の鶏料理屋が比内鶏から復元したのだが、今度はブロイラーの柔らかさになれてしまった現代人には硬過ぎて評判が悪いのだとか。私の好きな宮鍵の香《にお》うような匂いの甘さがたまらないみそ鍋の鶏も、実は名古屋コーチンではない。

琵琶湖の鴨の鴨鍋も、福井の蟹ちりも、思い出すとよだれが出るが、この辺りでサッパリした湯豆腐でも行くか。湯豆腐といえば京都南禅寺、境内の池の端に三々五々並べられた緋毛氈に七輪のせ、ちょっと寒い夕方、あの子とつつくこの淡泊さは忘れられなかったのだが、今や七輪の燃料は炭ではなく固形燃料になってしまった。色気ないこと。もちろん依然として昔ながらの味と方法を守っている鍋は当然京都にある。晦庵河道屋の芳香炉はここ二十年、中国風の火鍋に具とうどんを入れてまったく変わらぬ味とサービス。奥の中庭に面した一坪弱の暖房なしの小さな部屋で、これも女の子とひざつき合わせて食べたい鍋である。

もうひとつの変わらぬ横綱は、これぞすっぽんの老舗大市。ゴウゴウと鳴る電動のふいごでコークスを二〇〇〇度近い高温で炊く鍋の中で、すっぽんはすっかりその生臭さを消してただただ豊潤な肉と脂とスープの混合物になる。冬になると祇園の芸妓《げいぎ》たちの身体が要求して、旦那がいそいそ連れて行くわけが何となくわかってしまう鍋の名品。

砲金の大鍋に具がいっぱいの美々卯のうどんすきはこの店の登録商標で旨いが、大阪を代表する鍋のもうひとつに、昔船場の商家で、奉公人も含めて食べた実だくさんの船場汁がある。塩鯖のあらと大根という二つの材料の相性がよくって、それだけでご飯が進んでしまうので経済的だったという、いかにも大阪らしい鍋ではないか。

お隣の神戸に行けば当然神戸牛。本当は三田だ、いやそのルーツは但馬だとそれぞれうるさいことだが、やはり私にはちょっと東に戻っての、昔のビル新築前の松阪の和田金のすき焼きが懐かしい。座敷に通されるとやがて運ばれてくる見事な霜降り肉に、仲居さんがいきなり醤油と砂糖を無造作にかけてしまう。アラアラといいながら妙に甘く辛い肉と今度は野菜、ねぎを交互に食べていると、最後は肉の旨さが支配して幸せになるという、昔風のすき焼きは今もそのニュアンスを残している。

日本の鍋――中国・九州・沖縄

広島に行くとまだ川船でかきの土手鍋が食べられる。味噌を味醂《みりん》と酒で延ばし鉄鍋の縁に塗りつけ、そこにだしを注ぐ。長ねぎやごぼうなどの野菜、しいたけ、焼き豆腐、しらたきを入れて煮えたら最後にかきと三つ葉を入れ、鍋縁の味噌を少しずつ溶く感じで小鉢にとってフウフウいいながら食べる。船が多少揺れることも加わって、冬の夜など簡単に酔った感じになってしまうのが難。

冬の本命は河豚《ふぐ》。下関へ冬に行ったらもう河豚しかないではないか。何も春帆楼の天皇陛下ご用命のお部屋で、関門海峡行き交う船見ながら食べなくてはとはいわない。下関でも門司でももちろん北九州でも博多中洲でも、どこでも旨い河豚は喰える。河豚刺から始め、ちりに移り熱々の白菜やせり豆腐をポン酢醤油で食べる幸せ。一年待った喜びが溢れる。終わって残った具をきれいにさらい、餅と御飯を入れてたっぷりの博多ねぎをのせた雑炊を頰張るときの満腹感、幸福感。生きててよかった。

福岡に行ったら流行が終わったもつ鍋もまだまだよいが、河豚と対決できるのは鶏の水炊き。大量の骨付鶏を強火で長く炊いた白濁したスープは、それだけでひとつの料理になる味。そのスープにまた骨付の鶏肉、野菜等を入れながらポン酢醤油で食べ、最後にスープに塩とこうとうねぎのみじん切りを加えて飲む。身体中に精力みなぎったという感じと、腹一杯で眠くなったという感覚が交互する鍋。九州の最後は鹿児島の薩摩汁。皮がついたままの鶏のブツ切りと野菜類を味噌味で食べる男性的な鍋。

沖縄でも普段食べられないのが山羊鍋。建前などのお祭りどきに河原で山羊をさばき、少し皮や毛が残っているのを刺身にして食うのだが、なれない人には匂いがきつい。匂いを消すためによもぎと一緒に煮たのがこの鍋なのだが、ステーキになれた沖縄の若者たちにはよもぎの匂いと山羊の匂いが相乗効果で強調されて、とても食べられないという。私にはおいしかったのだが。

いやあ、くたびれた。ざっと代表的な日本の鍋拾っただけでこれだけある。

まだ取り上げてないものといったら、さあ各種寄せ鍋、ちり、魚すき、しゃぶしゃぶ、常夜鍋、牛鍋etc。材料の違い、炊き方の違い、鍋の違いまで挙げればきりがない。

世界の鍋

中国となれば、その広大な国土のすべてにあらゆる鍋がちりばめられていて、日本の比ではない。砂鍋（シャークオ＝土鍋）や中央に穴の開いた有名な火鍋（フォークオ）を主体にふかひれから魚、うなぎ、肉団子から野菜というあらゆる鍋が、北京でも四川でも上海でも広東でも目白押し。香港の海鮮料理屋で食べる具いっぱいの熱い生鍋は日本人にも評判。何しろ中国の正月料理は具いっぱいの鍋と餃子なのだ。これらの鍋全部を拾い出すのが目的ではない。

ここでいいたいのは、この日本から始まって韓国、中国の我々が楽しむ鍋と、ヨーロッパその他の諸国にも無数にある鍋またはそれに準ずるもの——スイスのフォンデュから始まってチェコやハンガリーのグーラッシュ、ドイツのアイントプフ、フランスのブイヤベース、スペインのパエーリヤ、ブラジルのフェジョアーダなどというものの食べ方が本質的に違うものだということなのだ。

両者とも同じような土や金属の鍋で煮込まれ食卓に運ばれてくるのに、どこが違うか。

わが東洋の鍋はまあ料亭などで食べるときには、仲居さんが取り分けたりしてくれるけれど、基本的にはひとつの鍋にみんなで箸突っ込んでワイワイつつき合い、自分たちの小皿や小鉢に分けて食べるのに対して、欧米勢の鍋は決してそんなことをしない。基本的にはボーイなり主人が個人の器に取り分けてくれるということ（ヨーロッパの料理には鍋以外の肉でもすべて、この主人が取り分ける……という型が古くから厳然とあるのだが）である。

ひとつの鍋から皆がそれぞれ自分たちで取り合う。箸がぶつかったり、同じ具を取り合ったり「あーっ、それ私が育ててた肉ーっ」などという悲鳴や笑い声が交わされる親しさは、ひとつの鍋から食べるこうした食べ方ならではのこと。

「同じ釜の飯喰った」だの、「同じ鍋つつき合った」という日本人特有のこのいい方、特殊な親しい友人であることの表現とニュアンスは、欧米の人には少しわかりにくいだろう。

私たちは同じ仲間であることを確認するために、みんな集めて鍋をつつくのである。楽しいことを分かち合い、喜びを共有したいときのそれにふさわしい食事の形式として鍋を選ぶのである。ただ温かくて、つゆっぽくて、身体が温まる(それはそれで冬の料理として結構なことですがネ)という理由だけでないのだ。食堂の隅で一人で鍋つついている人って見たことあります? いないでしょう? そんな人。そんなこと、何の意味もないことを知っているから誰もしないのだ。

実は遅い新幹線で大阪から東京に戻るとき、新大阪駅の美々卯でうどんすきを一人で食べようかという気になったことは何度もある。けれど、そのわびしさだけは味わいたくなくて、まだ一度もしていない。

鍋に箸の文化圏

欧米人だってシチューや鍋を囲むことはしているがもうひとつ決定的な違いがある。箸である。

同じ鍋から直接食物を取って喰うのは、箸で食事する民族だけのようだ。

日本の箸は昔はピンセットのようにもとの部分でつながっていた木の枝だったらしいし、韓国では金属の、中国では骨の、近ごろではプラスティックのがあるにしても、とにかく箸で食事をする人は中国、韓国、日本以外のアジアにいくらも分布している。そして、その民族は皆こうした鍋からの食べ方の楽しみを知っている。箸の文化と鍋の文化とは一体化しているのである。

そういわれてみれば、ひとつの鍋にみんなでスプーンやフォーク突っ込んで食べているの見たこともないし、第一そんな金属製の刃物でもってチャカチャカやったらまるでフェンシングの試合ではないか。皆での食事という楽しい場をそんな風景にはしたくないではありませんか。

箸とは何か、なぜ東洋人は箸を使うか、なぜ箸の人たちだけが鍋に直接個人的な食器を突っ込むことを許し合うのか、その行為の深層心理的な意味はどこにあるのか……などという疑問になっていくと、もうこれは文化人類学の研究課題。私ごとき建築家、アマチュアの生活研究者の能力範囲を超える。

多分、ヨーロッパ系の文化が基本的に狩猟民族のそれであり、東南アジア系は農耕民族であるという差があったのだと思う。

動物を殺し、割いて食べるために刃物が必要だった狩猟・牧畜の文化

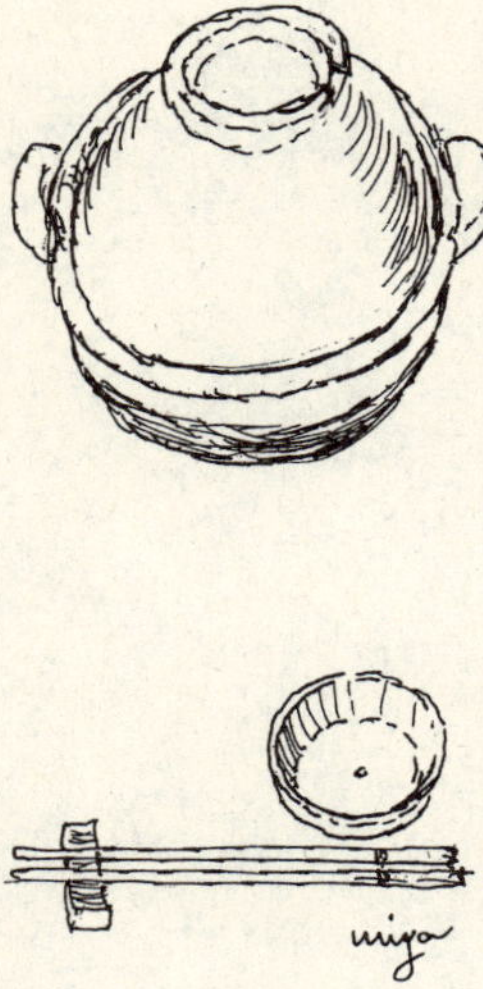
miya

と植物を手やその代用である箸でつまむ文化との違いだろう。そしてまた、近ごろの若者がちゃんとした箸の持ち方ができなくなっていることは、やがてこの嬉しい習慣である鍋の文化もすたれていくことを意味しているのであろうか。

ホテルで学ぶ

ホテルでの記憶

仕事がら出張することも多い年代になる。

近ごろはのぞみやひかりなどの新幹線網の妙な充実振りで、東京—大阪日帰りは常識となってしまった。私など週に一回は東京始発六時〇〇分ののぞみで九時半から大阪で会議。午後六時過ぎまで打ち合わせしてそれから新大阪に走り、地下の美々卯あたりで鴨南蛮と酒一本やって、また最終ののぞみで東京へ夜中に帰るというのが当たり前になってしまっていた時期がある。

確かに便利にはなった。けれど、同時に疲労が激しいことも事実。全員眠りこけている帰りの新幹線の中で「エーイッ、たまには泊りたいヨー」と水割り片手にワメイたりすることになるのも仕方ないではないか。ということで出張の何度かは泊りということになる。

会社の出張だと、これはもうビジネスホテルということになって、打ち合わせ後の定例の夜の会合が終わり、運が良ければカラオケからも逃げられて、十時過ぎに帰って来た狭いシングルベッドの上で、自動販売機で買った缶ビール片手に、モザイクだらけのポルノなど眺めていると、これはもうわびしいというだけのことではないか。

だからこんなホテル一刻も早く忘れ、飛び出して次の仕事にかかろうと、皆さんはホテルにあまり関心を示すということをしない。

その習慣がもう少し高級、またはもっとデラックス、または海外のホテルに泊ることになっても自動的に作動するから、どこのどんなホテルに泊ってもあまりその内容が記憶にないという人が多い。特にロビーや食堂などは多少記憶に残っているとしても、客室にいたってはほとんどの人が記憶を持たない。「エーッと、ベッドは普通で二つあって、テレビがあって、風呂も普通で――」てなところが一般的な客室の記憶の平均値。

これは実にモッタイナイ話と私などは思う。客室というのはホテルの滞在中、もっとも長く時間を過ごす所。したがって、もし客室というものの造られ方の中から何らかの教えや知識が得られるのだとしたら、それをちゃんと盗まないのは損だと思うのだ、私は。

客室で質を見抜く

私はホテルに泊ると、どんなに疲れていても酔っていても、必ずその部屋の実測をし（建築の世界以外の方には、わかりにくいことだけれど、「実測」というのは物差しを使って部分の寸法をすべて測り、それを図面化することをいう）、五十分の一という縮尺で平面図を書く習慣を持っている人間。

なぜそんなことをするのかとか、何人くらいの人がそんなことをしているのか等々質問されると面倒なので、それ以上のことはいわないが、実はこれをしてみると、本当に沢山のこと——例えば、そのホテルの経営者の哲学、理念、経営方針からホテルそのものの質、内容、設計者、施工者のレベルまでがわかってしまうのである。

場合によってはそのホテルが建っている国の文化的背景から歴史、経済状況までわかってしまうのが実測という作業の副産物。となれば面白くてやめられない——ということで実測作業は今も延々と続き、書いた実測図の総数、百枚近くというところ。一体ホテルの部屋で何がわかるのか、勉強できるのか、その隠された意味の一部を披露しようかというのが趣旨。

モチロン、ホテルにもいろいろある。大久保駅裏側の紫色の照明の向こうに入口が見える連れ込み及びそのまがいから、純ビジネス低級版、逆にデラックス五ツ星ホテル、パリはヴァンドーム広場の故ダイアナ妃御用達の石張りのリッツにいたるまで。

それぞれ価値判断の基準が違うし、サラリーマンの出張には無縁なホテルだからこれらは除いて(両者共知らないわけではありませんが……)とりあえず、まあ一番一般的なシティホテルの、ツインルームあたりを頭に置いて思い出していただこうか。

東京でいえば上は帝国、オークラ、ニューオータニ、下は昔の第一ホテル、東急イン、三井アーバン程度、大阪ならリーガロイヤル、新阪急、プラザホテル、日航大阪からホテルOSまで、どれをとっても皆似たようなもので……とくくってしまっては困る。そこにいろいろ教材が隠されているのだ。

まず研究、分析の対象は客室内だけにする。そんなあなた、パブリックスペースで、ウロウロしたらすぐガードマンに捕まってしまう。

入口ドアはどう開く

まず入口ドアは当然内開き、幅員は八〇センチ程度と決まっていて、入るとドア両側のどちらかに必ずメインの部屋全体のスイッチがある。何の気もなしにここを通過してしまうのだが、ここだけでもうテーマはいっぱい。

なぜ内開きか。お宅のまたはお宅のマンションの入口ドアはどうなっているか、当然外開き。けれどもホテルは必ず内開き（もっとも小倉法華クラブなどというホテルに泊らされたとき、何とこのホテルの入口扉は横引きであった！）。国際的な規格または常識として、入口扉は「いらっしゃいませ」と引き込むように内側に開くことになっている。廊下に人が歩いているときにいきなり外開きのドアを開けてごらんなさいな、ボーイなどとの衝突事故が起きる。その他、ドアチェーンを付けたとき、内開きの方が開けにくいとか、無理矢理入ろうとする人を押し止めるには内開きの方が楽とかいろいろあるのだが。

幅員は八〇センチというのは、人が一人で開けて入るのに一番手頃な幅、これより狭いと片手にトランク持って入れない。ただし、南仏の例えばニースのネグレスコのように、ルイ・ヴィトンの大型トランク四ケぐらいポーターに運ばせて堂々入室――というレベルのホテルでは、両手にトランク提《さ》げて通過できる程度に幅員一メートル以上になっているが、これはそんな客が例外であるように例外。

ドア脇にメインのスイッチがあるのは一に客が入室のときに全スイッチが一発で入るという親切さでもあるし、逆に部屋を出るときにスイッチを全部切ってくれるから電力の節約になるという経営側のモクロミ。各室の全電灯と空調機の電力消費だって馬鹿にならないのだ。最近カードキィで、そのキィを入口ドア脇のカード入れに入れないと電気がつかない、逆に出るときにキィをそこから抜くと、自動的に全電気が消える

——などというのは、スイッチを切ってくれない客がゴマンといるのを知っている経営者の自衛手段なのである。

そのドアの開き方も大事な研究テーマ。

ドアを開けたとき、廊下から見て洋服箪笥側に開くか、逆に開いて扉の陰になって箪笥が見えなくなるか、どちらであるか。

後者であれば経営者または設計者がチャンとした人であることがわかる。そこまで気を使ってあるホテルなら、他の部分もまあ大丈夫だろう。

スチールドアは何のため

ドアを開けたとき、目の前にイキナリ洋服箪笥が見えるようなホテルは盗難が多い。マッサージを呼んだとき、正しいホテルなら術者はドア入口をちょっと開いた状態にして「マッサージ中」などというタッグを入口ノブに掛けて仕事する。このとき廊下側から手を差し入れて、洋服箪笥に掛けた上着の内ポケットの財布を盗むという犯罪が発生しやすいのだ。そんなこと——というなかれ、そんな事実が幾つかあるからこそそうならないようにドアが開かれる知恵が働いているのだ。

入口ドアを何製にするか。普通は消防の防火基準によって鉄製のものになるのだが、それをいかに無骨な鉄製に見せないかが設計者の腕。木目のビニールクロス貼ったり、鉄製とすぐわかってしまうガシャンという音を消すために、ドア枠との間にゴムやプラスティックの緩衝材入れたり。

その鉄製ドア、いざ火事になると燃えはしないが、意外と熱に弱く、廊下まで火が回ると熱で簡単に変形して開かなくなってしまう。ホテルニュージャパンの火災以下何人もの人が焼け死んでしまった事故が続いた。変形しないとなれば本当は厚い木製が一番なのだが、木は燃えるから駄目と日本の消防庁は許可をしない。だから今のところ、ドイツ製の特殊充塡《じゅうてん》材を使用して、やっと許可になった成田全日空ホテル以外に木製ドアのホテルはほとんどないはず。お泊りになったホテルがもし大火になったら、ドアが開かなくなることも考慮して、逃げ方を考えておいた方が良い。

やぁー、ドアだけでここまでいってしまった。他にもまだまだチェック事項はある。

照明は浴室や入口部を除いて天井灯はないのが普通。天井灯のないのが高級ホテルということになっている。そのくせ天井にいろいろついているが、これはすべて消防法が要求している消防用。煙感知機のセンサー、スプリンクラーの端末、停電時の非常照明などが、たぶん部屋の天井中央一列に並んでついているはず。

エア・コンディショニングは基本的には入口ホールの上部に空調機が入っていて、外部からの新鮮な空気と混ぜ、寝室との天井高の差の部分を利用して吹いている。温度と風量の調整を壁につけたダイヤルで操作するか、ベッド脇のテーブル内に組み込まれたスイッチでするかの二者があるが、現在は後者のシステムの方が多い傾向にあるらしい。

浴室はユニットだけではない

入口脇に必ずある浴室。

これはプラスティック製のユニットバスが、下階への水漏れゼロに近いし、同じモノが何十と並ぶというホテルの特性上一〇〇％近くこれになった。浴室が入口側にあるのは配管の水漏れ、取換えを客室に入らなくて廊下側からできるようにというため。廊下を歩いて注意してみると、点検用の扉が壁と同じ仕上げにして隠してあるのがわかる。

入口側ではなくて、外部の窓側に浴室のあるタイプも少ないがある。メンテナンス・補修を逆の外部からクレーンでやろうというもの。窓が小さくなるから一般的ではない。

浴室は一般的には浴槽、便器、洗面台の三者が一つの部屋に入っているスリー・イン・ワンというのが普通。最近でいうと、この洗面台が人工大理石などのカウンター形式になっているのが普通。
洗面台側上部は全面鏡で、男が小便するとき、我が局部丸見えのままするのが嫌とか、洗面台は立って使うのだが、お化粧は座ってするのだから別々にしたいと、このカウンターを外に出してしまって、浴室内に便器と浴槽、外に洗面台と洋服箪笥を組み合わせてと、分ける方式が出て来た。男女一緒に泊ったとき、別々に使えてよいと、確か京都のホテルフジタで吉村順三氏が設計したのが日本では初期の例、世界的にも増えている。

その他として浴室内にビデを入れたり、ガラス張りのシャワーブースを設けたりというのが新しい傾向。もしお泊りになったホテルがそうなっていたら、最近リニューアルしたか、ホテルそのものが新しいかのどちらかと思っていただいて結構。

そのため高級ホテルに泊ると、小便したり、シャワーあびたり、風呂へ入ったりする度に一々ドアを開けて出たり、入ったりしなくてはならぬ「豪華な不便さ」を味わわねばならぬようになったが。

新しい傾向でいえば、できるだけ豪華、リッチに見せようと、大理石を壁やカウンターに使うのが高級ホテルの象徴となり始めた。何、大理石を薄くスライスする技術が開発されて、大理石材が安くなり始めたからでもあるけれど。大理石ソックリさんもあって、素人の皆さんには判別できるはずないから、全面大理石張り即高級——という即断はおつつしみいただきたい（高級に見せようとしていることだけは事実ですがね）。

浴室豪華化はどこまで

浴室内の他の設備としては電話（これは用便中に外から掛かってきたとき用だから、便器使用中のままの位置で取れる場所にあるのが常識）、ハンドタオル、フェイスタオルの二種類のタオルバーと、バスタオル専用の棚がバスタブ上部にあるのが普通。浴槽上部などという一番湿気の高い所にバスタオルが置いてあるのは、乾燥しているヨーロッパの真似だから、カッコイイとわが家でゆめ真似などなさらぬよう御忠告。ちなみに、ヨーロッパのホテルで下着を洗って乾かしておくと一晩で乾くけれど、日本では乾かない。

も一つツイデにいうと、こうした真夜中に一人洗濯して干すかなしい人のために、最近浴槽上部の頭から足の方にワイヤが一本引っ張れるリライアンスという器具がかなり使われるようになった。日本では博多都ホテルで使ってから、ドッと流行しだしたようだ。かといってパンツから靴下、シャツまでぶら下げるとたわんでしまうのでこれも御注意。

他に浴室を充実させようという方向は強まるばかり。浴室の面積を客室とほとんど同じ大きさにしたり、浴槽側のカーテンが肌にへばりつくのを嫌って布とビニールの二枚重ねにしたり、全面ガラスの引戸にしたり、鏡前の天井に乾燥兼用の大型赤外線電球埋め込んで裸の身体を暖めてくれたり、テレビを浴槽から見える位置に設置したり。

一般によく目にするのは洗面カウンターに籠かなんかに入れて置いてある「アメニティ」と称される化粧品その他の用具揃えの充実度合戦。シャンプー、リンスなどをホテル名の入ったプラスティックの小瓶に入れたのを基本に、くしやら歯ブラシ、クリーム、ソーイングセット、綿棒と、これでもか、これでもかの品揃えでせまってサービス度を売るが、何、これは宿泊費の中に組み込まれているのだし、パッケージが高級風だってそれは単なる印刷技術で中身は安物、決して持って帰って家で使って徳用というほどのものではない。ダマサレマイゾ、ダマサレマイゾ。

これらのアメニティ・グッズを始め、せっせと記念や実用に持って帰る人がいる。アメニティ・グッズは全部持って帰っても良いが、タオル類は一応ホテル備品ということになっている。ホテル・ネグレスコではチェックアウト時にがっちり検査して部屋代に全部加えていたなぁ。ましてや、バスローブなど持って帰るのは止めて下さい。下の店で売っている。

ベッドはどこに置いてある

浴室と洋服入れの前を通りすぎて、部屋に入るとそこにベッドがあり、その先の窓際に椅子のセットがあるのが普通のホテルの構成。住宅でいうと、玄関を入ったらそこがいきなり寝室で、その先にリビングがあるようでおかしいと思ったことはない？　ないでしょう。けれど、昔初めてホテルというものを導入した日本人の何人かはおかしいと思ったらしい。

軽井沢の万平ホテルの旧館はベッドの脇に壁を立て、最初窓際まで進み、それからUターンしてベッドの部分に行くようになっていた。最近の例でいうと、丹下健三さん設計の赤坂プリンスホテルが最初にソファの部分に入り、奥にベッドがあるようになっている。

そのベッド、基本的にはツインで、入口から見ると浴室部分の陰に隠れて見えないのが普通（とはいうものの、ニューヨークの著名ホテルで、ドア開けたら真正面にベッドが見える配置の部屋があった。なにかの間違いなのだろうが）、そして二つのベッドの間に小さな机または造り付けのサイドボードがあって、そこに電話とメモ用紙があり、空調や照明、ラジオ等のコントロールスイッチが付いている。

ベッドが離れて置いてあるのは、基本的にその部屋に泊まる二人は宿泊を求めた人というホテル側の建前の表現。セックス目的のその手のホテルは当然ダブルベッドである。連れ込みやナイアガラ周辺（アメリカの新婚旅行のメッカである）、ラスベガスのホテルは全部ダブルだし、日本でもその手の使用が多い例えば六本木プリンスなどはツインに対して圧倒的にダブルが多いし、クリスマスの予約が彼女と過ごすための若者たちによって半年前に一杯というディズニーランド脇のホテルなどは、そう見られないようにという配慮か、わざわざツインのベッドをピタリとくっつけておくという巧妙な手を使う。

日本人のように、男性同士が二人で一つの部屋を使うということはないのが欧米の宿泊の常識だとすると、外国でツインといったらダブルがあてがわれてしまうことが多い意味がわかる。アメリカでは一人用がダブルベッドであるというサービスも増えている。

通常「ハリウッドスタイル」と呼ばれるホテルタイプはダブルクッションである。昔あった足部分のボードがなぜないか、暖房がない時代、厚い布団がずり落ちないという役目だったのだが、いまは暖房完備だからいらなくなったのだ。

無駄なベッドメイキング

ベッドは当然ベッドメイキングしてある。ベッドメイキングというのは女子大の家政の時間に教えるように、ベッドマットの上にベッドパットを置きシーツで包み、上にこれもシーツで包んだ毛布をかけてベッドマットまで巻き込む一連の操作をいう。面倒な操作でベッドの両側からの作業になるから、ホテルでは上のマットだけでメイキングできるようにダブルマットになっている。足にキャスターが付いているのは床に掃除機かけるとき動かすためである（使用中動いてしまっては困るから、これにはストッパーが付いているのは当然）。

さて、こうしてくるみ込んでしまったシーツと毛布を、寝るときには縦長の封筒を開けるように上部だけ捲《めく》り、そこから静々と入って寝るのだと女子大では教えるのだが、これはまさに寝袋の寝方。誰もそんな寝方をしないで、ベッド脇から足の方向まで毛布をエーイと捲り上げて寝るのが普通。日本人である私だけがそんなことをしているのかと、ソッとアメリカ人に聞いてみたら、アメリカ人も皆そうだという。朝ホテルをチェックアウトするときに、もうでかけてしまった部屋をのぞいてみた経験からいって、誰もがそうしているらしい。だとしたら、どうして全ホテルが皆捲り上げられてしまうとわかっている毛布を、あんなに手間かけて巻き込んでいるのだろうか。あれしないで済めば、部屋の掃除の時間は圧倒的に短くなると思うのだが。

実は、日本人は住宅でも決してベッドメイキングせず、九〇%以上の確率でベッドの上に布団を敷いて寝ているのが明らかになっている。ホテルオークラと帝国ホテルは寝る側は毛布を巻き込んでいないし、軽く布団をかけているだけにしておりますというホテルが金沢にあったが（確かお医者さんの経営だったはず）。

そのベッドのカバー、外してあると夜の時間になったことになってそれ以降は異性を連れ込んではならないとか、最近はその模様や色をカーテンと揃えるのが多いとか、一々外してクローゼットに仕舞い込む手間を省くためにカバー兼用上布団というケースが目立ち始めたことご存じだったか。

家具を観察する

ベッドの足下方向の壁に寄せて、サイドボードやライティングテーブルがあり、ホテルの案内書やステイショナリー、浴衣、ランドリーバッグが収納されていて、上にテレビが置いてあるのが今までの形。

最近の欧米の高級ホテルから始まった新しい傾向は、まずテレビが専用の扉付キャビネットに収納されるようになったこと。部屋に入るとまずテレビが見えるなどという、そんな下層階級用の部屋ではないぞというくすぐりである（日本人の住宅のリビングには必ずデンとテレビが置いてあるから、この伝でいうと日本人は皆下層階級ということになりますね）。日本でも数年前から真似するホテルが続出しているからどこかで体験なさっているはず。

新しい傾向のもう一つはライティングテーブルを壁際に置くのでなく、壁に直角に置いて独立した仕事机風にしてあるもの。専用の照明スタンド、電話器、ステイショナリーやメモ用紙などが置かれてあって、社長の机風に仕立て上げてある。これも「貴方はエグゼクティブ」と持ち上げようというホテル側の姿勢見え見え。もっとも目の前がセントラルパークなどという立地などのときは、この机で景色見ながら手紙の一本でも書いてみようという気になって嫌ではない。

ついでに余分なことを付け加えると、机の上のメモ用紙脇の筆記用具の最近の傾向は、高級ホテルほどボールペンから名入の鉛筆になっていること。

壁際のライティングテーブルの脇に扉で隠した冷蔵庫があるのが普通。その上のトレイにお茶のセットとグラスなどが置いてある。ミニバーとこの業界では称している。

これ、最初はルームサービスで氷とグラスを持って行く人件費削減のために始まった。二十年くらい前には、部屋で持参のノータックスのウイスキーで水割りなど飲もうとすると、ボーイに持ってこさせる以外なく、私がホテルで最初に使えるようになった英語が「氷が欲しい」であったのは、その理由による。もちろん、これは次のレベルとしてエレベーターホール脇に製氷機を置いた小部屋を作り、そこまで客に取りに行かせるシステムが普及することになるのだが。次第にホテル業界は、部屋に置いた冷蔵庫からの売り上げが馬鹿にならないことに気が付き始める。ミニバーの登場である。

ミニバー

ミニバーの最初は今でも中国辺りのホテルがそうであるように、単なる冷蔵庫でしゃれたつもりでその上にミニバーと書いた札がある程度だった。続いて温泉旅館がやったように飲み逃げを防ぐためのキャップにシール巻きしたビールを入れるようになり、それがダサイと指摘されたり、飲んでおいてシールを戻して逃げる飲み逃げが出たりしてコンピューターと連動して、引き出した瓶が自動的にカウントされる方式を発案し、それが定着する。

けれどテレビ同様、いつまでもそのレベルに留まっているはずはない。冷蔵庫の中に入れた缶ビールや日本酒の売り上げなど知れたものなのだ。もっと利益率の高いブランデーとかジン、ウオッカの類を飲ませるには、ちゃんとしたホームバー風にしつらえたらよいと誰でもが思う。下に木目模様の扉で隠された冷蔵庫、中にはビールが何種類か、ジュース、健康ドリンク、扉の棚にブランデー、ジン、ウオッカ、ウイスキーのミニチュア瓶、おつまみからスナックの類まで、上にグラス類というしつらえが定着する。

この種のものの豪華版になると、アメリカ文化圏だと従業員が飲んでしまうことを警戒してか、飲み物喰い物はすべて冷蔵庫の中で、チェックインのときに部屋のと一緒にミニバーのキィを渡されるのが普通。客の無申告、または飲み逃げはどうするのかと心配するのだが、最近のようにカードの支払いが普通になると住所、姓名隠しようがないわけで、あとからちゃんとホテルから太平洋を越えて請求書がくるのは体験済み。

ミニバーの充実ぶりの最たるのはメキシコ。セルベッサ（ビール）はもちろん、ご自慢のテキーラだって何種類か、その他の酒はいうに及ばないのだが、それに加えて各種ジュース、ミネラルウォーター、チョコレートからスナックの類、煙草から胃の薬、ばんそうこうに至るまで、面白くて勘定してみたら、何と六十種類ものいろんなものが入っていてビックリしたのを覚えている（椎名誠さんの『地球どこでも不思議旅』という本には、酒のミニチュア瓶だけで二百本入っていたという記述があるから間違いないだろう）。『日経トレンディ』誌がロンドン一と評価したザ・レンズバラホテルでは、ミニバーのウイスキーやジン、ウオッカはミニチュア瓶でなくてデキャンタに入っているのだそうだ。どうやって精算するのだろうか。当然飲むものとして初めから部屋代に入っているのは常識。

寝付かれぬ夜のために

ミニバーが客室内の何処に位置しているかが、これも面白い発見ものの一つ。

冷蔵庫の作動音を嫌って入口脇のクローゼットの中に置いていたのは初期の冷蔵庫剝き出し時代。客が帰るときに初めて発見されたりして売り上げ増加に貢献せぬことがわかり、今度は見て見て、飲んで飲んでとベッドの足下辺りの壁に丈夫なガラス棚、そこの複数のグラス類と冷やす必要のないミニチュア瓶、チョコレート、ナッツ類が小さなスポットライトで照らし出され、下の冷蔵庫部分にはビールが内外数種類、ミネラルウォーター、ワインからシャンペンまでギッシリ（それもラベルをきちんと正面向けて入れるというマニュアルがある）、まさにミニバーとして鎮座する例が多くなった。

ところがこのいかにも飲んでほしいという媚態《びたい》が嫌だと、外で飲んできてしまう人も多く（外の方が圧倒的に安い。ちなみに一流のホテルだと、国産缶ビールが五百円以上ということになっている）、最近ベッドに入って寝つかれず、フト目を開けたら目の隅、浴室の壁に隠れてチラリとグラス類が見える位置にある……などという心憎い設計のホテルがあった。フムフムその謙虚さがよいネ、ちょっと飲んであげようかという気になってウオッカなど飲んであげましたが。酒飲みの心理も研究され始めてますな。

寝つかれない話でいえば、年を取ると酔いが三時とか四時とかに醒める。何時？　と時計見ようと思うと、夜光時計がベッドサイドにある。見ようと思うと少し起き上がって首をねじり、のぞき込まなくてはならないのだが、さァ年は取りたくないもの、これで目がさえて眠れなくなってしまうことが多い。時計がベッドの足下の壁にあって、枕から頭上げず薄く目開けただけで確認できれば、そのまままた寝続けられるだろうにといつも思っているのだが、これもちゃんと考えているホテルが実は日本だけで二軒ある。目立たなく小さいが、けれど薄暗い部屋の中でちゃんと文字盤が読める程度の時計が、ベッドの真正面の壁、顔を起こしたより少し高いところにかかっているのだ。できる奴がいるという実感であった。

その街に行ったとき、可能な限りそこに泊るようにしている。

旅あちこち

貴方は地図が描けるか

子供に紙を一枚渡して、家の周りの地図を描いてごらんといってみる。

ちゃんとした地図、地図らしい地図を描ける子などまあいない。子供が描くのは友達の何とかちゃんの家と、近所のコンビニと学校の門前など、自分の知っている場所や周辺の場所かものたちを、関連もなくただ繋ぎあわせただけのもののはず。

いや、子供たちだけではない。一昔前大学で教えている学生たちに、彼らが一番馴染みであるはずの新宿の地図を描かせたことがある（今は渋谷)。二丁目を描くのは男の子、女の子は伊勢丹とか三越、両者に共通するのはその二丁目なり伊勢丹なりの交差点までの途中がスッポリ抜けてしまっていること。いつも地下道通ってるもんですからとは、女の子の言い訳だが、二丁目に行く男の子はどうしてか。

子供や学生が、自分のイメージに強く残っている部分だけで描くこうした地図をイメージマップといって、それが地図の原点。原始民族や中世の測量術など未発達の時代の地図は大方これ。興味があったら、貴方も一度自分の会社の周りなり、飲み歩く地域のイメージマップを描いてみて、後で本当の地図と比べあわせてみませんか。近いと思っていた馴染みの店が実際には随分遠かったり、東と思っていた建物が南だったり、いかに自分たちの頭のなかには、地域がゆがんで記憶されているかを知ってビックリするに違いない。

これは無理もないこと。地図というのは世界というものの具体的な感覚が頭のなかにあることと、地域という広がりを一枚の紙の上で縮尺で考えるという二つの、いわば高度なレベルに達した人でないと読めないし、描けないものなのだ。

外国に行って、行きたい場所への道がわからなくなって、現地の人を捕まえて手持ちの地図で、どうやって行けばよいかと聞いて、一発で答えが返ってきた記憶のある人はいまい。ほとんどの現地の人はまずこれがどこ辺りの地図か判断するのに時間が掛かり、今いる場所が確認できず、結局アッチじゃない？　とどこか適当に指差されておしまいになるのが落ち。これは、縮尺とか図面化ということに無縁な人には、当然起きる後者の現象。

間違いだらけのイメージマップ

地域のイメージがわかっていれば地図は描けるかというと、その地域像が狂っていて、なかなか正確に描けないという実態もある。例えばあれだけ乗っている新幹線なのに、東京駅に南口と北口があることがピンと来ない人がいる。その人の頭のなかにはＪR東日本と西日本という言葉が記憶にあって（ひかりは西へ！）、新幹線は東から西へ走っているという概念が刷り込まれているのだ。西に向かっている線路の大阪寄りの乗降場は西口で、反対側は東口ではないかと彼は思うのだ。そんな人に名古屋の地図を描かせると、西の大阪に向かっているのだから左側が南で、右が北だと思っているから、不思議な名古屋の地図ができあがる。確かに新幹線全体は大まかには東から西に走ってはいるが、東京駅も、名古屋駅も、東京駅は南に、名古屋駅は北に向かっていて、両駅ともほとんど南北に長く延びていることに気が付く人は少ない。イメージというものの怖さである。

もっともフランスのクセジュという文庫本の「日本」を読んでいたら、「この国は昔から南進の風潮があり、新幹線も北から南に向かって延びている」という記述があった。仏領インドシナを第二次大戦で日本に真っ先に占領された記憶の生々しいフランス人にしてみれば、南に進もうという怪しい国、日本の新幹線はその気質の表現として南に延びていると思えてしまうんでしょうね。実際、新幹線というのは南西に延びているので、どうにでもいえるのだが。

このように概念が狂っていると、間違った地図が描けてしまうことは別として、世界や地域がどうなっているかの全体像がなければ地図など描けないわけで、地図らしい地図はその文明が世界観なり地球観など持った時点から発生している。

現存する世界図としては最も古いといわれるB.C.七〇〇年ごろのバビロニアの地図には、世界は海に浮かんだ円形の大地であるという当時のイメージの世界が彫り込まれている。ローマ時代のプトレマイオスの地図になると、もう地球は球であることが当然とされ、その世界制覇の成果としてかなり正確な地図が描かれるようになる。けれど中世のキリスト教支配の時代に入ると、聖書の記述通り、世界は中心に聖地イエルサレムを持つ平坦な板であり、東の果てにエデンの園があり……と、ふたたび逆行してしまう。

この世界図が正確さを取り戻したのは、大航海時代を通じて、マゼランやコロンブス、クックたちが次々と未知の世界を航海して、ヨーロッパ人たちに一周して帰って来られる球形の地球、海のかなたの新世界というイメージを持たせたからである。

現在の私たちは、宇宙船から見た球形の青い地球という映像で何度も地球が丸いことを確認している。そのはずなのに土井隆雄さんが宇宙船の外で活動しているその上部にある巨大な球形の地球の映像を見ると、改めて新鮮に思えてしまう。

先にイメージがあって、それが地図として形になることがこれらの事例からわかっていただけるだろう。

古地図の面白さ

日本の場合、七世紀ごろ日本中を伝道して歩いた僧、行基が描いたと伝えられる行基図とその日本全図のイメージがしばらく民間で継承される。江戸の最盛期、関東の人が一般的に行く西の限界が金毘羅で、関西の人が行く東の限界が善光寺だったといわれる程度の時代にはそれくらいの簡単なイメージと地図で済んだのかもしれない。

けれども、正確な日本全図といえばこれはもう一八〇〇年から始まって、二十一年かかって伊能忠敬とその弟子たちが完成させた「大日本沿海輿《よ》地全図」である。蘭学や船乗りたちの測量図も入ってきて、北の方にオロシヤが出没し始め、国の守りとして日本全部の姿が正確にわかっていないのはヤバイと幕府が感じ始めて作らせた、いわば官選地図だから正確は正確。その後正確な地図といえば日本軍が軍事上の必要から作った参謀本部陸地測量部の地図しかなかったことを思い出せばよい（今でも都市計画者や街の変遷を調べる人は、この正確な明治の地図を使う）。

けれども、これで一挙に発達した測量術があったからこそ、私たちは江戸末期の江戸切絵図などという詳細な江戸の地図を持つことができたのではないか。あの地図を開いて、何々わが代官山はこのころ渋谷村内の百姓地であったのかとか、青山通りも甲州街道も昔からほとんど姿を変えないで走っていることとか、青山墓地の敷地が丹波篠山の城主・青山家の下屋敷であったのかという発見をする楽しみができるのは、切絵図の基礎となっている伊能忠敬たちの技術があったからこそ。

感心しているだけでは、この江戸切絵図の価値がわからない。あの池波正太郎〝仕掛け人梅安〟でも、『鬼平犯科帳』でも読もうというときには、まずこの切絵図出してヒタヒタと殺し屋の浪士たちが歩く大名屋敷の土塀脇の小路はどこか探し出す楽しみがある。ご本人、池波さんも切絵図を周り中に開いて、これらの小説書いていらっしゃったらしいから、私たちはこれで作者の創作の追体験などもできるのだ。

そして、その切絵図でのイメージが摑めたら、現在の東京の地図を取り出し、そこがいったいどこなのか、麻布のあそこなのか麴町か、仔細に調べ、さてここで二つの新旧の東京地図を重ねあわせた自分の地図を作ってみる。貴方は地図が描けるかという問いはここに掛かっていたのだ。

まだある。それではその描いた地図を持って町に行こう（寺山修司風になってしまった）。きっとその場所は全く変貌してしまっているけれど、道の曲がりなり、勾配なり、運がよいと大名屋敷がそのまま公園になって保存されていて、うっそうたる木立ちが残っていたりするかもしれない。自分で描いた江戸時代のイメージがそこに残っていることを、自分の描いた地図の上に発見する喜びというものを貴方は知り、以後病み付きになること間違いなし。

別に池波正太郎でなくてもよい。森鷗外で池之端でもよいし、コナン・ドイルでロンドンの地図を描いて持っていって感激している人だっている。私は海外に行く場合は大抵その町の地図を、資料を基にして描いてみる。理解と感激が三倍くらいになるからだ。

私の娘などは、海外に出掛けるとなるとまずラフな地図を作り、一般のガイドブックの中から、自分が行きたい、買いたい店だけ拾いあげてその上に落し、それを持っては買い物ツアーをしていた。

貴方も地図を描いてみませんか。

コレクションの薦め

コレクションといってもいろいろある。

パリコレといえば、ファッションの世界の話。華麗なスーパーモデルたちが突き出し舞台の上を歩く様を一度は見てみたいと関係者でなくても誰でも思う。

そのパリのコレクションではない方の、パリの最大のコレクションといえば、これは当然、かのルーブル美術館のコレクションのこと。何といったって、ルイ十四世がヴェルサイユに移って美術館化して以来、ナポレオンの軍隊の力による収集まで含んで、現在その収蔵点数三十万点という大コレクションである。ミロのヴィーナスからダ・ヴィンチのモナ・リザ、エジプトのコレクションにいたるまで、展示物は豊富。それに加えて一九八一年のミッテランの大ルーブル構想が終了して、アメリカ人建築家ペイのガラスのピラミッドも二つ完成して内容はミュージアムショップからショッピングセンターにいたるまで、観光拠点として充実の一方。

春や夏の休みとなれば、日本人女子学生を含む世界中の観光客であふれるパリの目玉である（実はそのコレクションの数が膨大すぎて、ゆっくり見れば二週間などという恐ろしい話になっているので、日本人を含む忙しい観光客はモナ・リザとミロとニケの神像だけ見て二時間ぐらいで帰る。それがわかっているから、美術館側も館内に「こちらモナ・リザ!」というサインをあちこちに表示して、そういう人たちの便宜を図っているのだが)。

世界の誰もが知っているこの大美術館の始まりが、実はたった十二点の絵画のコレクションからだったということはご存じだったか。

実はこの大美術館、最初は十四世紀のシャルル四世が集めた書籍のコレクションから始まる。そのコレクションが散逸してしまった後、これを惜しんだフランソワ一世がイタリアからダ・ヴィンチのモナ・リザからラファエロなどの絵画十二点、それに加えてギリシャ以来の名彫刻の石膏《せっこう》複製三百点あまりを運んで作ったのが、現在のコレクションのスタートであったのだ。

その後、国力の充実と共に国威の表現として戦争の度に力ずく、金ずくで集めたとはいえ、たった十二点の収集がこれだけの世界の美術館にまで発展するのである。有名なエジプト・コレクションなどは、ナポレオンのエジプト遠征のときがっぽり強奪してきたもの。

貴方もコレクターになれる

個人のコレクションが発展して世界有数の美術館になった例としては、これも世界にその名を知られるニューヨーク近代美術館（愛称MoMA）がある。

これなどは一九二九年に富豪ジョン・ロックフェラー夫人ら三人のコレクターが自分たちのコレクションを持ち寄って始めた美術館である。そしてそれから約百年、映画やポスター、デザインや版画まで広げられたコレクションの総数は約十万点。この美術館の永久収蔵品に自分の作品が選ばれることはデザイナーの夢であり、きざなマンハッタンの住民は『ニューヨークタイムズ』の日曜版をこの中庭で読むために会員になっている。

同じニューヨークのセントラルパーク脇にあるフリック・コレクショ

ンは、ピッツバーグの鉄鋼業者であったヘンリー・フリックのその生涯をかけたコレクションをその石造りの豪邸に陳列したものであるし、ドイツのルードヴィヒ夫妻はチョコレート工場を経営しながら〝毎日一点ずつ〟美術品を買い集めてはコレクションを充実させ、それをドイツ中の美術館に寄付して、ドイツの美術水準を押し上げるのに重要な功績を果たしている。

そりゃ国王は軍事力でおどかし、大金持ちなら札束でほっぺたひっぱたいて、そんな自分のコレクションを持てて、やがて美術館にでもなろうさ、それが私たち庶民と何の関係があるのさ、とまあ普通は考える。けれど皆さん、あのルーブル美術館が十二点のコレクションからスタートしたことを思い出してほしい、どんな膨大なコレクションだって最初はゼロからスタートしたということを。

私ごとだが、世界中に椅子のコレクターという人がたくさんいて、私は実は日本における三番目か四番目の個人の椅子のコレクターだろうと思う。このコレクションは私が結婚した四十一年前にゼロからスタートしたもので、今は収蔵百十余点というところでストップしている。理由は私が二、三十点集めたところで、それに刺激を受けた若きデザイナーが彗星のごとく登場し、猛烈な情熱であっという間に私を追い抜き、今や八百点を超える文字通りのナンバーワンにのし上がってしまったからである。その彼のコレクションだってはじめはゼロ、そして三十年しないうちに一千点の大台に近づき日本のいや世界のナンバーワンになってしまったのだから、誰にだってチャンスはあるのだ。

コレクション様々

旅行をしてみるとわかることだけれど、今や日本中にやれ郷土玩具博物館だの、ガラスと何とかの美術館だの、何々記念館などが目白押しである。例えば飛騨の高山などに行ってみると、古い町並みのそれこそ何軒置きかが雛人形美術館だったり、古陶器の博物館という、皆私設の美術館になっていることを発見する。これらは皆こうした家の先祖なり、おじいさんが私的に集めたコレクションを博物館化したもの。

ということならば、皆さん方が個人的に集めている日本中の絵はがきなり、ぐいのみ、喫茶店のマッチのラベル、料理屋の箸袋、ビヤホールのコースター、こけしなどというのも、数さえ集めれば立派なコレクション。

誰かが美術館化または博物館化を申し出てくれるときがないとはいえないではありませんか。継続は力なり、続けていればやがて夢は実現。

事実、この十年ほどの間に、日本中の県や市が一斉に美術館・博物館を造り狂った。いわゆる箱もの行政である。日本人の悪い癖、箱さえ造れば後はただだと思っているらしくって、収蔵品収集の予算が付いていない。仕方なくその地方の出身者からの寄贈を受けた郷土作家室だけが充実しているという様相なのだが、そんなときこんなコレクションが華々しく登場するチャンスだったのだ。おまけに相続税対策という手法としても有効であることがわかった。作家ならその作品全部寄付してしまえば、税金の対象にならない。某、有名画家の息子が、相続税が払えなくて泣きながら父親の絵を焼き払ったという悲劇がニュースになったのは記憶に新しい。このような情勢のおかげで、日本中の美術館・博物館はこの種のコレクション受け入れ場として機能するようになった。

それはそうかもしれないけれど、それらはやはり基本的に何らかの芸術品、工芸品、民芸品としての価値あるものに限られるのではないか。そんなコレクション私なんぞにできるはずないよというなかれ。コレクションの価値というものは、もちろんその時点で評価が定まるものもあれば、評価基準が変わった別の時代に、とんでもない評価がされることもある。骨董品の多くはそれで、昔二束三文だったものが希少価値でとてつもない評価がされ、高値がつくという構造があるのはご存じの通り。

だとすれば、今は誰も見向きもしないもの、例えば公衆電話ボックスに貼ってあるあやしげな風俗関係のシール類、毎朝の新聞に折り込まれてくるマンションの広告や平面図、価格表、スーパーや安売り店の広告類など、ひたすら集めに集めてその数、数千種類にしておいて、二十年も凍結しておけば、これは貴重な風俗資料としてどこかの大学が買いにくるか、自前の店か美術館造ってその売り上げや入場料収入で十分余生が過ごせるようになるに違いない。

お馴染み「開運！なんでも鑑定団」のブリキ玩具の鑑定人北原照久氏などは、自分のコレクションが発展してついにその道のオーソリティーになってしまった人。一代でそうする方法もあるし、新車を買って、そのままプラスティック・コーティングしてどこかに仕舞っておき、数十年後に洗って売り出せばごっつう儲かりまっせという人がいた。

自分には何の儲けにもならないけれど、それを二代以上続ければ子孫がそれを切り売りしその家は末永く利益があるという小説を読んだことがある。貴方もいかが？

香港、黄色い灯・青い灯

『週刊文春』の評判連載に上前淳一郎さんの「読むクスリ」がある。綿密な取材で様々な分野の、知らないことがいっぱい教えられて楽しい頁。実は私も昔一度取材されて、汽車の中でなぜ私は寝ないのかということを話したことがあるのだが、それはさておいて。

その連載の五百三十九回目、九四年お盆の八月十一・十八日合併号に「明と暗」という項があったのを覚えている方はいるだろうか。日本人とイギリス人の明るさの好みの違いの話で、ホームステイに来たイギリス人が食事の度に明るすぎるからと白熱電球にし、帰って来る日本人の父親は暗くて陰気だと蛍光灯をすぐつけたがるというお話である。

日本人、または東洋人が明るい照明大好き、蛍光灯大好きで、西洋人は暗めの白熱灯大好きという話は建築の世界では常識。ちょっと旅行したり、世の中見回してみればすぐわかることでもある。

パリやロンドンなどのホテルに着いて荷物をほどき、さてガイドブックでもゆっくり読もうかと思うとやけに暗い。天井あおぎ見ても天井灯など一つもついてなく、しかたなくたった一つしかないフロアスタンドを窓際まで引きずっていかねばならなかったなどという思い出は誰にもあるはず。逆に、一昔前の台湾や韓国にその手の旅行で行った農協などのおじさんたちの、ホテル客室の長押《なげし》上全部にビッタリ蛍光灯をつけたガンガンの明るさにその気がなえてしまったという告白もある。

それが一目で観察できるのが香港。香港はご存じのように九竜《クーロン》側と香港島側と街が二つに分かれているのだから、何か旨いもの喰おうとか、買い物しようということになれば嫌でもあのスターフェリーに乗って行ったり来たりしなければならぬ。そのフェリーに夕方から夜にかけて乗って観察すると、面白いことが見える。

両側とも大型のネオンのほとんどが日本のものであることはニューヨークはブロードウェイと同じだが、それらが日本と違って点滅していないことに気がつく。有能なガイドさんなら、香港啓徳空港は市街地の真っ只中にあるので、着陸用灯火と紛らわしくなるから点滅が禁止されていると説明してくれるはず。これは納得。けれども決してガイドが説明してくれないし、いわれなければ誰も気がつかないことがもう一つある。

よく見ると、九竜側の空はかすかに青っぽく明るく、香港島側のそれは黄色っぽく少し暗く見えるのである。いわれるとそう感じる程度かもしれないけれど。

これには理由がある。九竜側は大陸と地続き、中国系の人が密集して住んでいる地域であり、香港島側は香港総督邸から香港政庁、上海香港銀行ｅｔｃ、香港を支配した英国人たち、政府、金融関係の施設が建ち並ぶエリアである。いいにくいいい方をすれば、九竜側は東洋人の庶民、つまり貧乏な人たちの地域であり、香港島側は西欧人と金持ちが支配する街である。

そして、庶民である東洋人は蛍光灯が好きで、蛍光灯の青白い明かりで街を照らし、香港島側の金持ち西欧人は、白熱灯のスタンドだけつけた薄暗い館で静かに中国返還後の香港について考えている。それが両者の空の色の違いなのであると私は説明するのだが。

実はこの論法には二つの意味が混じってしまっている。つまり貧乏な人が蛍光灯が好きで、金持ちはあまり蛍光灯をつけないというのと、東洋人は明るいのが好きで西欧人は暗いのが好きという論旨との二者である。

途上国であった東洋人にとって、先進国の代表として西欧人は皆自分たちの指導者であり、より金持ちであったということと、目の黒いことと青いことがゴッチャになって、一つの論になっている。これはちゃんと分けて説明せねばならない。

金持ちは白熱灯？

私が中古マンションを買おうという客に向かって助言することは「夜見に行きなさい、窓から黄色い明かりが洩れているマンションは、お金持ちが住んでいるから安心だけれども、全部青い蛍光灯の光が洩れているようなマンションは、規模も小さく住宅以外の小さな事務所かなんかが入っていて、夜中まで人が出入りしてセキュリティが心配。そういうマンションからまずスラム化するんですよネ」と。

これも、マンションなどの共同住宅を調べてみればすぐ事実だとわかること。

例えば麻布に道一本挟んで、高層の都営住宅と東京で指折りの超高級マンションが向かい合っている場所がある。その道に立って高級マンションを見上げると、もちろん超高級だから外国人や経営者、芸能人ばかり住んでいる一方のマンションの窓はすべて黄色い明かり。それも天井に照明器具など一つもついてない……ということはすべてフロアスタンドやコードペンダントという、まるでヨーロッパやアメリカの高級ホテルのような照明ばかり。それに対して、都営住宅……ということは大変失礼だけれど所得の低い人しか住んではいけない共同住宅の方は、すべて天井にサークラインか二連の二〇ワット蛍光灯の照明器具がバッチリついて青々と光っている。たった道一本隔てただけでのこの違い。

なぜ貧しい人は蛍光灯で、豊かな人は白熱灯なのかという問いは、蛍光灯の方が電力消費量が少ない。だから基本料金も安いし、毎月の電気代も安いと電気メーカーが宣伝したからである。

蛍光灯は一九三八年にアメリカのGE社で開発され、四〇年にはもう日本で製造され、お年寄りには懐かしい伊号潜水艦や、戦後の法隆寺金堂壁画模写の現場に使われた。発熱量が少ないこと、火事の心配がないことが理由だった（その金堂の壁画、暖房用の電気器具の不始末で燃えてしまうという皮肉な結果になってしまったけれど）。

そして、戦後爆発的に普及したのはアルミサッシュ同様、安い！ということが最大の決め手であった。確かに消費電力は白熱灯の三分の一くらい、ということはそれだけ電気代が安いということ、毎月の家計を預かっている主婦にとって嬉しい話である。日本中の家が蛍光灯を使っていただければ、発電所をあと十も二十も作らなくてすむのです、お国のためにもなるのですという電気・電力会社の宣伝も効果があった。

黄色人種の蛍光灯

けれど、これには嘘が多少混じっていて、そんなに電気が大事なら、どうしてあれだけ大量に電力を消費するアルミサッシュ製造や、銀座のネオンをやめる話はしないのと問い返したくなる。

それに、確かに消費電力は少ないけれど、照明器具や電球などのコストの話になると、こんどは圧倒的に蛍光灯の器具などの方が高いことを電気会社は決していわない。一〇〇ワット電球が二百五十円、器具が五百円くらいとすると、確かにそれより長持ちするとはいえ、同じ照度の二〇ワット蛍光灯管は電球で千円、器具で二千五百円くらいするのだから五倍くらい高い。長い目で見ればドッチモドッチというところだと思うのだが、家を作るときの資金は夫負担だけれど、月々の出費は私だからという主婦のケチケチ思考や、アルミサッシュ同様安いものはすべてよいという戦後日本人の経済至上主義に、メーカーがうまくすり寄っての勝利ではないかと私などは思うのだが。

もう一つの理由。日本人に比べると西欧人の方が圧倒的にサングラスをかけていることが多い。テレビで見るアメリカの白バイの警官などは、ほとんど全員といってよいくらいレイバーンのサングラスをかけていて、皆同じに見える。それに対して、日本人のサングラスというのは真夏の海岸、冬の晴れた日のスキー以外は、圧倒的にカッコヨイ白人をまねたお洒落専科である。

理由は眼球の構造的な仕組みにある。

黒人、黄色人種の瞳孔は黒い。つまり眼球に黒いフィルターをかけた状態なので、陽光に対して強い。太陽を直視しない限り問題はないという感じ。それに対して紅毛碧眼の西欧人の瞳孔は、フィルターとしての役目をほとんど果たさない。だから彼らは強い日光に対してサングラスが絶対必要なのであり、明るすぎる照明に対しての拒否反応がある。というよりは必要がないと感じる。逆に日本人の場合、フィルターが強いから、暗い室内などだと本当に見えないこともあり得るのだ。

こうした明らかに解剖学的な仕組みは確かだがそれ以外に何か日本人特有の理由があるはずだというのがわが宮脇学説。

明るい光・明るい家庭

家を設計するという商売をしていると、日本人がやたら明るい家、明るい家と明るい家ばかり欲しがり、窓はたくさん開けてくれ、それも床までいっぱいの掃き出し窓で、できたらガラスばりの欄間もつけてくれというのに少しばかりうんざりする。このあいだも富山で木造の日本風の家を設計したら、こんな富山みたいな暗い家は嫌い、私たちはカリフォルニアの家みたいなカラーッと明るい家が欲しいんですといわれて、ガックリして帰って来たところ。谷崎潤一郎さんが日本の空間の美学の原点は陰影にありと断定しているのになぜだろうと考えてしまった。日本人はなぜ「明るい」という感覚だけが好きになってしまったのか。

日本人は、日、月を組み合わせた「明」るいという文字を、太陽や月が明るいとか、照明が明るいとかという照度が高い状態をさすときに使う。そしてそれ以外に、明るい性格とか明るい家庭などという人間関係の状態も同じ字で示す。英語だったら光線の明るいのは light で、気持ちの明るい人間は bright あたりの、つまり違った言葉で表現するのに対して日本人は同じ漢字を使っている。このあたりから間違いが発生したのだというのが宮脇学説の骨子。両方とも同じ漢字を使うものだから、照明をつけて部屋が明るくなるという感覚と、明るくすると人間関係も自動的に明るくなる……とつい短絡してしまうのではないかと思うのだが。

先の「読むクスリ」のお父さんが「そんな貧乏臭い明かりはやめて、お客さんのために明るくしてあげなさい」といっているのは、明らかに（そら、ここでも明るいという漢字を使いましたね）明るいことはいいことだという思考が根底にある。

入社試験の考査で一番嫌われるのは「暗い性格」で、女の子が好きなタイプは「明るい男の子」と判で押したように決まっているこの国のこと。明るいのは性格であろうと部屋であろうと、照明であろうと、すべて善で、暗いなどというのは悪魔が住んでいるところ、すべて悪だと考えるようになったのだと私はいうのだが。

もっとも、暗いということには全人類にとって悪のイメージがあり、地獄や悪い状態は洋の東西を問わず真っ暗と表現されたりするから、この学説少し無理があるのは私も認める。暗い性格の人間は私も嫌い。

この作品は、一九九八年三月にＰＨＰ研究所より刊行された。

著者紹介

宮脇　檀（みやわき　まゆみ）

1936年、名古屋生まれ。東京芸術大学建築科卒業。東京大学工学部建築科大学院修士課程修了。建築家。宮脇檀建築研究室を主宰。日本大学居住空間デザインコース教授。住宅建築を得意とし、「松川ボックス」で日本建築学会賞作品賞を受賞。

著書に、『住まいとほどよくつきあう』『それでも建てたい家』『父たちよ家へ帰れ』『最後の昼餐』（以上、新潮社）、『日本の住宅設計』（彰国社）、『都市の快適住居学』（ＰＨＰ研究所）などがある。

1998年、逝去。

ＰＨＰ文庫　男の生活の愉しみ
知的に生きるヒント

2001年２月15日　第１版第１刷
2004年８月10日　第１版第10刷

著　者　宮　脇　檀
発行者　江　口　克　彦
発行所　ＰＨＰ研究所
東京本部　〒102-8331　千代田区三番町３番地10
文庫出版部　☎03-3239-6259
普及一部　☎03-3239-6233
京都本部　〒601-8411　京都市南区西九条北ノ内町11
PHP INTERFACE　http://www.php.co.jp/
制作協力
組　版　ＰＨＰエディターズ・グループ
印刷所
製本所　大日本印刷株式会社

ISBN4-569-57515-3

PHP文庫